# Die Wunderforscherin
### Nur eine Idee entfernt von der Wirklichkeit

## Martina Mußmann

Für meine Kinder
Christina, Dela und Britta

Ich danke Dir, Hans Jürgen, für Deine Ermutigung
und Deine Unterstützung.

# Die Wunderforscherin

## Nur eine Idee entfernt von der Wirklichkeit

Martina Mußmann

Ein Buch aus dem WAGNER VERLAG

Layout des Buchumschlages: Martina Mußmann/
Hans Jürgen Bohr in Zusammenarbeit mit dem Wagner Verlag
Autorenfoto: www.fotostudio-hilbig.de

1. Auflage

ISBN: 978-3-86279-709-7

**Bibliografische Information der Deutschen Nationalbibliothek:**
Die Deutsche Nationalbibliothek verzeichnet diese Publikation in der
Deutschen Nationalbibliografie; detaillierte bibliografische Daten sind
im Internet über http://dnb.d-nb.de abrufbar.

Die Rechte für die deutsche Ausgabe liegen beim
Wagner Verlag GmbH,
Langgasse 2, D-63571 Gelnhausen.
© 2013, by Wagner Verlag GmbH, Gelnhausen
Schreiben Sie? Wir suchen Autoren, die gelesen werden wollen.

Über dieses Buch können Sie auf unserer Seite www.wagner-verlag.de
mehr erfahren!
www.wagner-verlag.de/presse.php
www.facebook.com/meinverlag
Neue Bücher kosten überall gleich viel.
Wir verwenden nur FSC-zertifiziertes Papier.

Das Werk ist einschließlich aller seiner Teile urheberrechtlich geschützt. Jede
Verwertung und Vervielfältigung des Werkes ist ohne Zustimmung des Verlages
unzulässig und strafbar. Alle Rechte, auch die des auszugsweisen Nachdrucks und
der Übersetzung, sind vorbehalten! Ohne ausdrückliche schriftliche Erlaubnis des
Verlages darf das Werk, auch nicht Teile daraus, weder reproduziert, übertragen
noch kopiert werden, wie zum Beispiel manuell oder mithilfe elektronischer und
mechanischer Systeme inklusive Fotokopieren, Bandaufzeichnung und
Datenspeicherung. Zuwiderhandlung verpflichtet zu Schadenersatz. Wagner Verlag
ist eine eingetragene Marke.
Alle im Buch enthaltenen Angaben, Ergebnisse usw. wurden vom Autor nach
bestem Wissen erstellt. Sie erfolgen ohne jegliche Verpflichtung oder Garantie des
Verlages. Er übernimmt deshalb keinerlei Verantwortung und Haftung für etwa
vorhandene Unrichtigkeiten.

Druck: dbusiness.de gmbh · 10409 Berlin

# Prolog

Eine gläserne Bürotür wird hektisch aufgestoßen. Anna verlässt ihr Büro nicht, sie ruft, während sie in ihren Unterlagen wühlt, durch die offene Tür:
„Ulrike! Wo bleibt dein Bericht über die Frau, die von ihrem Mann misshandelt wurde? Hoffentlich sind die Fotos auch aussagekräftig genug? Du weißt, unsere Leser wollen etwas schön Grausames sehen. Nur wenn die Bilder erschütternd genug sind, lesen sie unsere Berichte. Ich kann sie mir nicht mehr anschauen, muss zu einem Termin. Nimm bitte meine Berichte mit in die Redaktion."
Etwas leiser murmelt sie:
„Die Schaulust unserer Gesellschaft bringt mir den nötigen Stoff, Leser und viel Geld." Dabei reibt sie sich die Hände, packt eine Aktentasche und fegt durch das Vorzimmer. In Nadelstreifen und hochhackigen Schuhen hinterlässt sie einen starken Hauch von ihrem fast zu männlichen Parfüm.
Ich habe nicht einmal die Möglichkeit, guten Morgen oder Auf Wiedersehen zu sagen. Ich eile in Annas Büro und traue meinen Augen nicht, auf dem Schreibtisch herrscht das absolute Chaos. Aber Anna scheint es zu beherrschen. Die Berichte für die Reaktion hat sie sorgfältig in einer Mappe untergebracht. Ich packe meine Geschichte mit in die Mappe. „Die Fotos sind gut!", beschließe ich, Anna hat eh keine Zeit die Berichte anzuschauen. Das unterlässt sie auch meistens. Anna hat mir einmal gesagt, wenn sie nicht so viel Geld verdienen würde, dann könnte sie sich mit dem Kram nicht abgeben. Die Geschichten würden sie zu sehr herunterziehen.

Für meine Zukunft stelle ich mir auch andere Berichterstattungen vor und ich verdiene nur halb so viel wie Anna. Aber ich sitze bei diesen Leuten zu Hause oder treffe mich mit ihnen in irgendwelchen Cafés. Von den Erzählungen wird mir manchmal so mulmig, dass ich weder Kaffee noch Kuchen herunterbekomme. Anna merkt es nicht einmal, wenn ich unzumutbare Bilder einfach weglasse. Und ich weiß auch nicht, ob gerade diese Bilder unsere Auflage erhöhen würden. Na ja, aber Anna hat auch Recht, wenn die Menschheit nicht so sensationslustig wäre, hätten wir zwei keinen Job.

# Kapitel 1

Zusammen haben wir bei einer kleinen Zeitung gearbeitet mit geringer Auflage. Der Umsatz ging immer weiter zurück. Als dann eines Tages über Stellenkürzung gesprochen wurde, hat Anna erst gar nicht gewartet, bis sie gekündigt wurde, sie hatte sofort eine neue Stelle in Aussicht. Irgendwann stand sie vor mir. Triumphierend fragte sie: „Was ist, meine Süße, möchtest du meine Assistentin werden? Ich habe eine Anstellung als Redaktions-Chefin bekommen. Frag nicht, was du machen musst, sag einfach ja!" – Ich brauchte einen Job. Anna ist zwar ziemlich eigensinnig, aber sie wusste sich immer zu helfen. Die Vorstellung, sie an meiner Seite zu wissen, beruhigte mich in diesem Moment. Also sagte ich zu. Anna umarmte mich mit den Worten: „Morgen um vier im Café an der Steinstraße!" Ehe ich weitere Fragen stellen konnte, war der Wirbelwind Anna schon fort. Ich konnte mir beim besten Willen nicht vorstellen, was Anna aushecke.

Am nächsten Tag konnte ich es kaum abwarten und war schon um 15.30 Uhr im Café an der Steinstraße. Bis vier Uhr hatte ich zwei Kaffee getrunken, meine Hände waren kalt und schweißnass vor Aufregung. Eine Frau mit grauem Mantel, blassem Gesicht und einer großen Sonnenbrille betrat das Café. Sie fiel mir auf, weil es draußen zu warm für einen Mantel war. Die Sonne schien auch nicht, also war die Sonnenbrille nicht zwingend notwendig. Sie setzte sich, nahm die Brille nicht ab, kauerte sich in eine dunkle Ecke des Cafés und wartete, bestellte aber nichts. Endlich kam Anna durch die Tür, sie hatte eine Zeitschrift unter dem Arm. Mit dicken Buchstaben stand dar-

auf – „Tageslichtreport" –, mir wurde ganz übel. Anna hatte eine Anstellung für uns zwei bei einem „Schmierenblatt"? Hierin berichteten Frauen über all das, was im Leben so schieflaufen konnte.
Die Frau in der Ecke regte sich, sie zeigte schüchtern auf wie ein Schüler in der letzten Reihe. Jetzt wurden mir die Zusammenhänge klar, und ehe ich mich besinnen konnte, saßen Anna, die Frau in Grau und ich an einem Tisch.

Anna stellte erst sich, dann mich als ihre Assistentin vor. Sie fragte die Frau: „Sie haben doch nichts dagegen, dass meine Assistentin zugegen ist? Sie haben gesagt, dass Sie Ihre Geschichte in unserem Magazin ‚Tageslichtreport' veröffentlichen möchten.
Dazu muss ich Ihnen noch ein paar Details erläutern. Ihren Namen werden wir in der Geschichte ändern und auch die Namen Ihrer Kinder, Ihres Mannes und anderer Beteiligter. Um die Glaubwürdigkeit unseres Magazins an den Geschichten unserer Anbieter zu unterstreichen, brauchen wir Fotos, die Sie uns zur Veröffentlichung zur Verfügung stellen. Hier habe ich auch noch einen Vertrag, der Sie davor schützt, dass Ihre Fotos von jemand anderem als von uns für diesen Zweck verwendet werden. Auf der anderen Seite versichern Sie uns, dass Sie mit Ihrer Geschichte nicht an weitere Zeitungen gehen. Sind Sie damit einverstanden?"
Die Frau sah schüchtern nach unten und sagte: „Mir bleibt nichts anderes übrig, ich brauche das Geld." Mit eiskalten Augen und verbissenen Lippen sagte sie: „Ich will, dass der Typ kein Bein mehr an die Erde bekommt!"
Wieder schüchtern: „Man hat mir in der Redaktion gesagt, ich bekäme für Fotos extra Geld?!"

„Ja, das stimmt", erwiderte Anna etwas genervt, aber die Frau in Grau hat es nicht bemerkt. Sie sammelte wohl schon ihre Gedanken für ihre Geschichte. „Erzählen Sie erst einmal Ihre Geschichte. Meine Assistentin macht sich Notizen", dabei schaute Anna böse zu mir, weil sie weder Notebook noch Zettel und Stift vor mir sah. Sie dachte wohl: „Typisch Ulrike", und ich dachte: „Typisch Anna."

Laut atmete sie ein und aus, schob mir einen Block rüber und wühlte in ihrer Chaos-Handtasche nach einem geeigneten Stift. Sie schob die Arme ihrer Bluse hoch wie ein Handwerker, der zur Tat schreitet. Und bestimmte: „So, nun können wir wohl endlich anfangen."

Meine Hände waren so feucht, ich konnte den Stift kaum halten. Zögerlich und schüchtern fing die Frau an, ihre Geschichte zu erzählen.

**Kapitel 2**

Seit diesem Tag war ich gefangen in dem Alltag von tausend und einer Geschichte rund um die Frau mit all ihren Sorgen. Betrogene Frauen, verlassene Frauen, Frauen, die nach einer Schönheits-OP den Arzt verklagen wollten, und vieles mehr. Sie sahen keine andere Möglichkeit oder keinen anderen Ausweg. Zudem machten es einige, um etwas Geld zu verdienen und um ihren Widersachern zu zeigen, wozu sie fähig waren. Das war ihre Art der Rache für viele Jahre Leiden.
Einige glaubten auch, wenn ihre Geschichte erst niedergeschrieben wäre, dass ihr Leiden damit vorbei war.
Ehrlich, wenn die Frauen erzählten, weinten, mir ihre Hoffnung mitteilten, hatte ich manchmal sehr viel Mitleid. Aber wenn ich nur anfing die Situation etwas abzuleuchten, so stellte ich immer wieder fest, dass die Öffentlichkeit nicht die Lösung war, sondern für alle Beteiligten, besonders für die Kinder damit oft erst die Katastrophe anfing und sie sich so den Weg nach ganz unten bahnten.
Anfangs geriet ich in eine Beratertätigkeit. Ich schlug vor, sie möchten doch erst einmal zu einem Rechtsanwalt gehen. Als nach drei Treffen kein Bericht zustande kam, wurde Anna böse und drohte mir, eine andere Mitarbeiterin an meiner Stelle hinzuschicken.

Ich lernte ziemlich schnell meine Gefühle auszuschalten. Meine Eheberatung legte ich von heute auf morgen ab. Und so kam eine Geschichte nach der anderen zustande. Ich nahm alle Fotos, die mir angeboten wurden. Die schlimmsten kamen auf die Titelseite. Die Auflage stieg, der Verleger war begeistert und setzte noch mehr Mitarbeiterinnen ein, die für mich die Recherchen machten. Ich war so beschäftigt, dass ich eigentlich selten darüber nachdachte, was ich tat. Mein Kontostand konnte sich sehen lassen. Ich hatte auch kaum noch Zeit mein Geld auszugeben.

Berichte, in denen die Kinder vom Schicksal der Eltern betroffen waren, ließen mich manchmal nicht schlafen. Es gab auch nicht so schlimme Geschichten, die waren eher amüsant, so von außen betrachtet, und darüber vergaß ich die anderen Berichte wieder. Mit der Einstellung, ich mache nur meine Arbeit, war mir manches auch gleichgültig geworden.

Anna begleitete mich nur das eine Mal, danach hatte sie mit der Gestaltung, den Werbeannoncen und Pressezusammentreffen einfach zu viel um die Ohren.

Anna hatte sich in kürzester Zeit zur wichtigsten Person unseres Magazins gemacht, weil man ihr allein den Erfolg des Magazins zuschrieb.

Ich hatte kein Problem damit, sie spielte ihre Rolle perfekt und die Rolle stand ihr. Eigentlich war sie der Typ Frau, der ein eigenes Magazin auf die Beine stellen konnte, aber ich glaubte, im Moment fühlte sie sich sauwohl. Sie sonnte sich in ihrem und meinem Erfolg. Sie vergaß mich nie. Ständig tätschelte sie beim Vorbeigehen meinen Kopf und sagte liebevoll: „Super Geschichte, Püppi."

Anfangs erzählte ich ihr noch Details, aber irgendwann machte sie mir klar, dass das nicht ihre Welt sei und sie an Einzelheiten nicht interessiert sei.

Also stand ich allein mit meinen Eindrücken, die ich tagein, tagaus sammelte.

Ich traf mich mit meinen Berichterstatterinnen in Cafés, in Bahnhofstationen, in Hausfluren, in unaufgeräumten Kinderzimmern, zwischen Windeln und Teddybären mit stillenden Müttern, und ich passte nebenbei auf die ungezogenen, zwei- bis fünfjährigen, lärmenden Kinder auf.
Ich traf mich mit Frauen in schönen Küchen bei Kaffee und selbstgebackenem Kuchen. In weniger schönen Küchen mit den gesamten aufeinandertreffenden Gerüchen der Speisekarte der letzten Tage einschließlich des aktuellen Tages – Reibeplätzchen –, dazu Körper- und Mülleimergerüchen. In so einer Atmosphäre, egal, wie spannend die Geschichte auch war, drängte ich immer, nur in Stichpunkten zu berichten, und beschloss die fertig geschriebene Geschichte zum Lesen vorbeizubringen. Nur schnell wieder raus. Zu Hause musste ich nach solchen Terminen ein langes Bad nehmen, um die Gerüche loszuwerden. Wenn ich den Bericht dann schrieb, kamen mir die Gerüche manchmal wieder ins Gedächtnis.

Anna bat mich doch einmal zu versuchen eine andere Gruppe Frauen zu kontaktieren, damit auch die Frauen aus der „gehobenen Gesellschaft" unser Magazin lesen würden.
Ich wusste, das taten sie, weil der „Tageslichtreport" in jedem Friseursalon auslag, aber bitte. In mehreren Tageszeitungen verfassten wir eine entsprechende Annonce. „Wir wollen auch IHRE GESCHICHTE in unserem Magazin veröffentlichen, dessen Auflage ständig steigt und das mittlerweile die meistverkaufte Frauenzeitschrift ist." Zudem erweiterten wir unsere Modeseiten.
Danach hatten unsere Mitarbeiter allerhand zu tun, um die Termine für mich zu vereinbaren.

So wechselte ich nicht nur von Flur zu Café, sondern auch noch von Hinterhof zu Villa.
Die Leidensgeschichten waren sehr ähnlich, nur mit dem Unterschied, dass die Frauen aus den Villen die Villa hatten und den Porsche und genügend Geld, und meist hatten sie nur ein Kind, das vier Paar Schuhe brauchte, statt vier Kinder ein Paar Schuhe. Wir erhielten weitaus mehr Geschichten über missglückte Schönheitseingriffe.
Ich hatte einen Termin. Auf dem Zettel stand die Adresse und ein kleiner Hinweis, die Dame möchte sich an ihrem Mann rächen. Bei meiner Ankunft öffnete sie mir die Tür im Bademantel, das Dessous blinkte neckisch darunter hervor. Erst dachte ich, sie hat einen Assistenten erwartet. Doch in der Küche saß ein Jüngling, ebenfalls im Bademantel. Während sie mir ihre „Leidensgeschichte" erzählte, knutschte sie unentwegt mit ihrem bestimmt zwölf Jahre jüngeren Liebhaber. Ich erfuhr auch, dass sie schon während der Ehe ein Verhältnis hatten. Aber darüber durfte ich nichts berichten. Wie gern hätte ich das gemacht, ich fühlte mich ein bisschen wie der Hund, dem man einen Knochen hinhält, aber er kriegt ihn nicht. Na, macht nichts, sie lieferte tolle Bilder vom fremdgehenden Ehemann, Poolpartys und von halbbekleideten Menschen und Orgien. Nach diesem Bericht boomte das Magazin und ich bekam ein besseres Gehalt. Deutlich besser!! Und meine liebe Anna ging wieder mit mir aus, hörte mir zu, wir lachten über meine Erlebnisse. Einmal hatte ein Fünfjähriger seine Mutter und mich im Wohnzimmer eingeschlossen, weil er nicht mit auf das Foto für das Magazin wollte. Seine Mutter und ich mussten die Tür aus den Angeln heben. Oder eine Frau hatte ganz vergessen ihrem Mann den Hausschlüssel abzunehmen und dieser

hatte in seinem Rausch vergessen, dass er nicht mehr bei seiner Frau wohnen durfte. Er hatte, betrunken, wie er war, seine Frau in die Gewalt genommen und gedroht, er würde sie aus dem Fenster werfen. Nachdem ich die Polizei verständigt hatte, konnte ich nicht umhin diese Situation auf meiner Kamera festzuhalten und so wurde ich für meinen Schreck belohnt. Die Polizei brachte den Mann fort und uns somit in Sicherheit. Als ich Anna nun davon berichtete und sie so lachen musste, lachte auch ich endlich darüber.
Wir trafen uns oft, denn wir waren beide mal wieder solo. Ich schon länger als Anna, sie hatte mir erzählt, dass sie für kurze Zeit etwas mit dem niedlichen Setzer hatte. Und da die Sache irgendwie beendet wurde, hatten wir wieder viel Spaß miteinander. Manchmal half sie mir am Abend vor dem Redaktionsschluss, bei mir zu Hause mit einem guten Glas Wein die Berichte fertig zu stellen.
Waren alle Berichte im Kasten und das dritte Glas Wein angetrunken, fingen wir an zu träumen und zu spinnen, wie es wohl wäre, wir und die Idee eines eigenen Magazins. Wir lachten und kamen auf komische Namen für ein Magazin, aber es fehlte uns ein Thema oder Themen. Irgendetwas musste her, was noch nie da war. Ich wusste, wenn Anna erst anfing darüber nachzudenken, dann würde sie auch irgendwann den genialen Einfall haben. Sie betrachtete mich netterweise dabei als ihre „MUSE". Wir machten unsere Arbeit, gingen aus, trafen uns ab und zu mit Männern. Ich hätte mir gewünscht, wieder eine Beziehung zu haben, aber es hat nie gefunkt. Wir wunderten uns ein bisschen, dass wir so wählerisch waren, also schoben wir es auf unsere Arbeit; sie hatte uns für den Alltag verdorben.

**Kapitel 3**

Von unserer ersten Reportage bis zu der heutigen Reportage war viel Zeit vergangen. Sie fand Ende April statt. Ich weiß es noch wie heute, es war ein grauer Tag, aber warm für die Jahreszeit. Unser Treffen mit der Frau in Grau. Die Zeit eilte an mir vorbei.

An einem Samstag Ende November ging ich in die Stadt. Ich wollte ein kleines Paket zusammenstellen für meine Tante und meinen Onkel in Carbonne (Frankreich). Meine Tante war die Schwester meiner Mutter. Da meine Mutter bereits vor vier Jahren gestorben war und ich meinen Vater nicht kannte, war meine Tante Jessica meine letzte Verwandte. Wir hatten regelmäßigen Briefkontakt. Die Briefe waren immer sehr aufmunternd. Ich glaubte manchmal, die Art zu schreiben hatte ich von ihr geerbt. Ihren Mann – Onkel Jean – lernte sie kennen, als sie in Frankreich Urlaub machte. Sie brach hier alles ab und blieb bei ihm. Natürlich waren damals alle dagegen, aber sie war heute noch glücklich verheiratet. Nach zwei Jahren wurde ich geboren ohne Vater, das war der zweite Skandal innerhalb kürzester Zeit und so zerbrach auch das Verhältnis zwischen meiner Mutter und meinen Großeltern. Meine Mutter und Tante Jessica sahen sich, so oft sie konnten. Erst nur zu Weihnachten, da meine Mutter nicht so viel Geld hatte, die Reise dorthin mehrmals im Jahr zu unternehmen.

Doch Onkel Jean bekam eine sehr gute Anstellung. Sie kauften ein Haus in Carbonne und luden uns zweimal im Jahr ein. Ja, sie bezahlten uns sogar die Reise dorthin.

Ich verbrachte, als ich noch kein Teenager war, fast die ganzen Sommerferien bei ihnen. Später ließ der Kontakt etwas nach. Ich hatte meine Freunde und keine Zeit in den Sommerferien zu verreisen. Mein Taschengeld verdiente ich, indem ich Zeitungen austrug, später schrieb ich kleine Artikel über Veranstaltungen und Schulreportagen.

Als meine Mutter starb, besuchte ich Tante Jessica immer zu Weihnachten.
Ich mochte ihre unkomplizierte Art und den Geruch in ihrem Haus. An ihre kitschige Weihnachtsdekoration hatte ich mich gewöhnt. Bei ihr war es immer warm und gemütlich. Wie in alten Zeiten backten wir Plätzchen. Mit Onkel Jean schmückte ich den Weihnachtsbaum. Kinder hatten die zwei nicht, darum waren sie sehr froh, wenn ich bei ihnen war.
In diesem Jahr musste ich den Besuch bei ihnen absagen. Anna und ich hatten die Bekanntschaft von zwei Männern gemacht. Wir hatten geplant über die Weihnachtstage gemeinsam in den Skiurlaub zu fahren.

# Kapitel 4

Also schlenderte ich an diesem kalten Novembertag durch die Geschäfte, um passende Geschenke zu finden. In Gedanken an die schöne Zeit schaltete ich den Lärm und die vielen Menschen um mich herum aus.
In einem kleinen Antikgeschäft fand ich eine schöne Lampe. Im letzten Jahr war mir die kleine Tischlampe auf Tante Jessicas Schreibtisch heruntergefallen. Tante Jessica war richtig traurig. Die Lampe in dem Geschäft sah der alten sehr ähnlich; auch weihnachtliche Dekoration, wie sie Tante Jessica immer an den Baum hängte, hielt ich für ein passendes Geschenk. Ich ließ die guten Stücke sorgfältig verpacken und hoffte auch etwas für Onkel Jean zu finden. Eine alte Taschenuhr weckte meine Aufmerksamkeit, mein Onkel liebte Uhren. Er war der Meinung, wenn man genug davon hatte, hätte man auch mehr Zeit.
Sehr logisch; wenn es doch immer so einfach wäre mit der Zeit. Na, lustig war die Vorstellung schon.
Ein dickes altes Buch lenkte mich von der Taschenuhr ab. Eigentlich war es mehr der Titel des Buches, das Buch selbst war sehr unscheinbar. Auf dem Buch stand: „Erlösung! Der Weg über Toulouse nach Lourdes und andere Wunder".
Von Lourdes hatte Tante Jessica schon oft erzählt, doch ich konnte mit den Geschichten über diesen Ort nichts anfangen. Vieles hielt ich für ein Hirngespinst und dass nur ältere Menschen daran glaubten, weil sie einfach an irgendetwas glauben wollten.
Jetzt wurde ich leicht schwermütig bei dem Gedanken, zu Weihnachten nicht bei ihnen zu sein.

Ich schlug das Buch auf und fand eine kurze Beschreibung über die Geschehnisse in Lourdes. Mensch, ich hatte mir nichts gemerkt von Tante Jessicas Erzählungen, das war mir jetzt peinlich. Ich wusste nur, dass Lourdes ein Wallfahrtsort war.

Also las ich: „Eine Quelle, deren Wasser Wunderheilkräfte hat. Eine Vierzehnjährige hatte eine Erscheinung, angeblich einer strahlenden Frau, die Hinweise auf die Verbesserung der Menschheit gab. Es wurde schon über zahlreiche Wunderheilungen berichtet."

Als ich weiter in dem Buch blätterte, entpuppte sich dieses als eine Sammlung der verschiedensten Wunder. Hochinteressant, da mein Onkel einmal jährlich den heiligen Ort besuchte und auch sonst an Wunder glaubte. So beschloss ich dieses Buch sorgfältig verpacken zu lassen und von der Taschenuhr Abstand zu nehmen. Ich hatte ein gutes Gefühl und verließ mit dem Gedanken, etwas ganz Besonderes gefunden zu haben, den kleinen Antikladen.

Vergnügt trat ich den Heimweg an und in dieser Stimmung verfasste ich gleich noch einen liebevollen Brief für die zwei, verpackte die Dinge in ein Päckchen und machte es versandfertig. Bei einem Blick auf die Uhr erschrak ich. Anna und ich hatten uns für diesen Abend mit Andreas und Sascha verabredet.

# Kapitel 5

Es war schon spät und ein wenig anhübschen wollte ich mich für diesen Abend schon noch, also musste ich mich beeilen. Als ich dann endlich fertig war und so vor dem Spiegel stand, stellte ich fest, dass ich aussah wie immer. Na! Einen Schönheitswettbewerb wollte ich eh nicht gewinnen und mit Anna als Gegnerin hätte ich da auch keine Chance.

Anna hatte ein unglaublich selbstbewusstes Auftreten. Wenn sie einen Raum betrat, drehten sich die Menschen nach ihr um.

Sie hatte dicke, dunkle Haare die sie überwiegend offen trug. Ich hatte feines blondes Haar, das ich meistens zu einem strammen Pferdeschwanz gebunden hatte.

Ich war auch um einiges kleiner als Anna und zierlicher. Anna war nun auch nicht gerade kräftig, aber größer und sportlicher.

Andreas und Sascha haben wir auf einem Seminar kennengelernt. Es war sehr ermüdend und langweilig. Den beiden ging es wohl auch so. Also beschlossen wir, zu viert diesen Ort gegen eine niedliche kleine Kneipe einzutauschen. Wir hatten viel Spaß, die beiden waren nett, wir zogen um die Häuser und kehrten in den frühen Morgenstunden bei McDonald's ein, um uns ein herzhaftes Frühstück einzuverleiben.

Seit diesem Abend unternahmen wir viel miteinander. Da wir auch alle vier an kulturellen Unternehmungen interessiert waren, gingen wir gemeinsam ins Theater und besuchten Konzerte.

Saschas Eltern besaßen ein kleines Ferienhaus in der Schweiz. Einmal saßen wir gemütlich bei Andreas, da erzählte Sascha von dem Haus in der Schweiz und dass sie im letzen Jahr dort von Weihnachten bis Silvester zum Skilaufen waren.

Er machte uns das Haus, das Skigebiet und die Menschen dort so schmackhaft, dass wir beschlossen in diesem Jahr in die Schweiz zu fahren. Anna und ich brauchten auch dringend Urlaub. Also planten wir unsere Tour in die Schweiz.

In den nächsten Tagen wurden Skiklamotten aufgemöbelt oder neu angeschafft.

Anna hatte drei Skihosen, sie stellte mir alle vor. Ich benotete alle mit sehr gut, trotzdem kaufte sie sich zwei neue.

Die Vorbereitungszeit auf unseren Urlaub brachte uns natürlich auch im Büro mächtig unter Zeitdruck, da alle Berichte bis zum Abreisedatum schon einmal für einen Probedruck zur Ansicht fertig gestellt sein mussten. Auch die erste Januarwoche musste schon vorbereitet werden. Unser Büro war zwar geschlossen, aber Anna und ich wollten uns den Stress nach der Erholung ersparen. Und so zogen wir ein paar Termine für den Januar vor.

## Kapitel 6

Mein letzter Termin vor dem Urlaub war sehr erschütternd.

Ich besuchte eine junge Frau Johanna Neuberger, Mutter von drei kleinen Kindern im Alter von einem, zweieinhalb und vier Jahren. Die Frau war gerade erst 23 Jahre alt, sah allerdings selber noch aus wie ein kleines Mädchen, das lag wohl daran, dass sie so dünn war. Ihre Wohnung wirkte sehr gemütlich und aufgeräumt. Mir fiel auf, dass sie ihre niedlichen Kinder erstaunlich gut erzogen hatte. Während sie erzählte, hat uns nicht einmal eins gestört. Die Eineinhalbjährige saß die ganze Zeit auf dem Schoß ihrer Mutter und spielte mit einer Tupperdose, in der fünf große Holzknöpfe waren, die sie mit Hingabe einzeln herausholte, der Reihe nach auf den Tisch legte und danach einen nach dem anderen wieder in die Dose legte. Die anderen Kinder waren im Kinderzimmer und bauten mit Klötzen. Wir tranken Tee, und nachdem sie zögernd mit ihrer Geschichte begann, atmete sie kräftig durch, danach konnte sie ohne zu stocken alles ganz ruhig erzählen. Sie hatte eine ruhige, sehr angenehme Stimme. Ihre Kinder mochten es sicher gern, wenn sie ihnen eine Geschichte erzählte.

Wie stark diese zierliche Frau wirklich war, stellte ich während der Erzählungen fest. Ihre Augen strahlten Zuversicht und einen tiefen Glauben aus, sie sprach auch viel von Gott. Sie fragte nur nie, wo war er in der doch so schweren Zeit. Ich erwischte mich dabei zu denken, wo war ihr Gott, als ihr eigener Vater sie, als sie mit sechzehn schwanger wurde, so sehr geschlagen hat, dass sie ihr Kind eine Woche später verlor? Danach hat er sie einfach auf die Straße gesetzt. Nicht einmal ihre Mutter hat versucht ihr zu helfen. Sie fühlte sich von allen verlassen. Einen Unterschlupf bekam sie in einer WG, musste jobben, um ihren Unterhalt zu verdienen, schmiss die Schule, damit sie mehr Zeit hatte Geld zu verdienen.

Mit achtzehn lernte sie, so glaubte sie, ihren „Traummann" kennen. Das erste Jahr verlief ganz normal, sie wurde schwanger und bekam ihr erstes Kind. Sie arbeitete weiter und das Kind war abwechselnd bei Freunden untergebracht. Bald wurde sie wieder schwanger. Ihr Mann wollte eine Abtreibung, doch das lehnte sie ab. Er hat ihr deutlich klar gemacht, sie müsse selber sehen, wie sie das alles unter einen Hut bekam mit den Kindern und der Arbeit. Als sie ihm nach der Geburt des dritten Kindes mitteilte, sie habe einen Tumor in der Brust, verließ er sie über Nacht und kam nicht zurück. Darum auch das Tuch auf dem Kopf und die blasse Haut. Dieses kleine Wesen hatte eine grausame Zeit aus Chemo, der Situation als allein erziehender Mutter, chronischem Geldmangel, der Grausamkeit des Alleinseins und schmerzlichen Erinnerungen hinter sich, die bestimmt noch andauerte. Sie lebte in einer Sozialwohnung, zwei Zimmer, Küche, Bad, 40 Quadratmeter. Sie schlief im Wohnzimmer, die drei Kinder teilten sich einen Raum. Die Mietobergrenze lag bei 330, 00 € warm und es gab keine Wohnungen mehr für 330,00 € warm, das hatten die Gesetzesmacher noch nicht gemerkt. Sie war einfach eingerichtet, aber sie hatte es mit wenigen Details geschickt gemacht aus Scheiße Gold zu machen.

Ich spürte so tiefes Mitleid mit ihr, für ihre zauberhaften Kinder und gleichzeitig spürte ich Wut über die Gesetze, unsere Gesellschaft, die gerade jetzt zu Weihnachten alle Herzen weich klopfen wollte, damit man Gelder an die Dritte Welt spendete, Patenschaften übernahm, und genau nebenan hungerte eine junge Frau. Alle machten brav die Augen zu: Wir sind doch in Deutschland, hier muss kein Mensch hungern oder Not leiden.

Wie albern und lächerlich ich mir hier vorkam, als ich mich erinnerte, dass mir die Tränen noch vor einer Woche kamen, als ich hörte, was bei einer Spendenaktion für die Dritte Welt an Geldern zusammengekommen war.

An diesem Tag hätte ich am liebsten meine Arbeit niedergelegt, aber jetzt wollte ich erst recht etwas verändern, helfen und ich brauchte Zeit, um zu überlegen, wie ich vorgehen konnte. Eins war jetzt nur wichtig, einen Job haben, Geld verdienen, helfen und ganz schnell etwas tun.

Bei mir dachte ich: Hey, wir erreichen so viele Menschen mit unserer Zeitung, warum nicht? Vielleicht bekam ich eine Idee, hierüber etwas zu verändern.

Ich musste ganz vorsichtig sein, persönliche Meinungen oder politische Äußerungen, waren nicht erlaubt, also sagte ich mir: „Ganz ruhig, Ulrike, dir fällt etwas ein." Ich musste Anna dringend sprechen.

Während der ganzen Erzählung der jungen Frau war ich sehr nüchtern in der Art und Weise, meine Fragen zu stellen, und ich verhielt mich reserviert und hielt mich mit meinen Kommentaren zurück, obwohl es mir sehr schwer fiel. Ich ließ mir meine Erschütterung nicht anmerken. So hoffte ich auch, dass sie nicht merkte, wie die Gedanken in meinem Kopf kreisten und ich nach einer Lösung suchte.

Als wir alle Informationen für eine Geschichte zusammen hatten, sagte sie mir, sie könne mir keine Fotos geben. Sie möchte ihre Kinder schützen. Das konnte ich verstehen und ich sagte ihr, ich bräuchte keine Fotos, wusste aber, dass es dann unter Umständen keine Veröffentlichung der Geschichte geben würde, aber das behielt ich für mich.

Als ich mich von ihr verabschiedete, spürte ich Wärme in meinem Herzen, wie ich sie an Weihnachten spürte, wenn ich bei meiner Tante war. Ich stellte mir die Frage, wie es wohl gewesen wäre, wenn ich eine Schwester hätte. Ich spürte tiefste Nächstenliebe, ein Wohlgefühl und ich nahm die kleine Frau in meine Arme und wünschte ihr eine schöne Zeit. Dabei fühlte ich mich unwohl, sie musste denken: Mann, ist die blöd, wie soll ich das nur machen? Als hätte sie es gehört, sagte sie zu mir: „Die werde ich haben, ich lebe und habe drei bezaubernde Kinder." Ja! Das hatte sie.

Ich ging und blickte noch einmal zurück in das hagere Gesicht. Ihre Augen strahlten, sie lachte herzlich und verabschiedete mich mit den Worten: „Gott schütze Sie."

Ich stieg in mein Auto fuhr schnell los. Als ich außer Sichtweite war, musste ich anhalten. Tränen rannen über meine Wangen, ich glaubte, mein Herz müsste platzen, der Schmerz über so viel Leid war zu groß. Ich fuhr zur Bank. Ich brauchte Geld für meinen Urlaub. Ich hatte 2000 € übrig, aber das würde die Sache jetzt auch nicht besser machen. Ich kannte sie ja weiter nicht und würde sie nur beschämen. Also überlegte ich mir, ihr 500 € zu geben als Honorar für ihre Geschichte. Zudem kaufte ich eine schlichte Weihnachtskarte, schrieb ein paar Zeilen und dass ich sie im neuen Jahr besuchen käme, um ihr die fertige Geschichte vorbeizubringen. Danach fuhr ich zurück zu ihrer Wohnung und steckte den Umschlag in ihren Briefkasten. Ich war erleichtert und voller Freude, dass sie das Geld bekommen hatte. Da ich ihr geschrieben hatte, dass jeder, der uns seine Geschichte verkaufte, gleich eine Anzahlung in der Höhe bekam und ich vergessen hätte ihr das Geld zu geben, wusste ich auch, dass sie bestimmt kein schlechtes Gefühl bekam, wenn sie es annahm.

Jetzt brauchte ich eine Pause, fuhr nach Hause, ging in die Wanne und machte mir einen großen Becher Milchkaffee. Bevor ich Anna davon erzählte, musste ich mir genau überlegen, wie ich die Geschichte rüberbringen würde. Anna war ein guter Mensch, aber sie trennte Job und Wirklichkeit, also musste ich ihr diese Geschichte anders verkaufen, um auch ihr Herz zu berühren. Ich brauchte Anna.

**Kapitel 7**

Nun waren meine Vorbereitungen für die Reise in die Schweiz abgeschlossen und die Koffer gepackt. Am nächsten Morgen sollte es losgehen. Andreas wollte uns nacheinander abholen. Ich hatte nicht vor in der Schweiz zu arbeiten, trotzdem packte ich mein Notebook ein und die Notizen, die ich bei meinem letzten Termin gemacht hatte. Die Geschichte war noch nicht fertig. Sie sollte besonders gut werden. Anna hatte ich noch nichts davon erzählt. Sie war viel zu aufgeregt, alles zu einem Abschluss zu bringen, und war mit Weihnachtseinkäufen für ihre Verwandten sehr beschäftigt, die sie ja auch verteilen musste.

Vor dem Einschlafen dachte ich noch an meine Tante Jessica und Onkel Jean. Es stimmte mich melancholisch Weihnachten ohne die zwei zu verbringen. Aber ich freute mich auch auf dem Skiurlaub.

BRRRRRR. Schlaftrunken wurde ich aus meinen Träumen gerissen. Ich hatte geträumt, das wusste ich genau. Der Wecker hörte einfach nicht auf zu brummen, ich wollte mich unbedingt an meinen Traum erinnern und hielt mir mit dem Kopfkissen die Ohren zu. Das Brummen ging mir so auf die Nerven, also schlug ich den Wecker mit meinem Kopfkissen aus: „Stirb", murmelte ich sauer. Er hat mich beim Wort genommen. Als ich wenig später wach wurde, war es bereits eine halbe Stunde vor dem verabredeten Abfahrtstermin.

Nun, ich war die Letzte, die Andreas einsammeln wollte, also kochte ich mir einen Kaffee und duschte schnell. Meine Sachen hatte ich ja schon gepackt. Für die lange Fahrt wählte ich weite, bequeme Klamotten und ein paar Musik-CDs. Während ich genüsslich meinen Kaffee trank, wartete ich auf meine lieben Freunde. Diese verspäteten sich um eine halbe Stunde. Andreas half mir meine Sachen im Kofferraum zu verstauen.

„Mehr hast du nicht?", fragte er. Ich schaute ihn prüfend an: „Meinst du das jetzt ironisch oder was?"

„Ne", grinste er, „schau mal, die drei Koffer gehören Anna. Selbst Sascha hat mehr als du."

„Na, hoffentlich muss ich nicht die meiste Zeit nackt herumlaufen, weil ich die Hälfte vergessen habe", erwiderte ich spöttisch.

Als wir einstiegen, sagte Andreas grinsend: „Das würde ich begrüßen und biete mich schon mal an, dich zu wärmen."

Das hatte Anna gehört und fragte neugierig: „Wer will wen wärmen?" Nebenbei blätterte sie in der Tageszeitung.

„Guten Morgen erst einmal", sang ich mit Blick auf die Rückbank. Ohne hochzusehen murmelte sie „Guten Morgen" zurück.
Sascha wuschelte mir durch die Haare: „Und, freus'te dich, Schneehäschen?"
„Hey, Sascha! Nenn mich nicht Schneehäschen! Wenn mich etwas stört, dann sind es Kosenamen."
So startete Sascha mit einer Aufzählung darüber, welche Kosenamen er kannte. Auch Andreas brachte seine Erfahrungen mit ein. Wir diskutierten, dass doch viele Kosenamen für Männer wie für Frauen verwendet werden konnten, wie z. B. Pupsi oder Schnuppel, Schneehase. Mäuschen eher nicht, aber Schatzi war wohl der am meisten benutzte Kosename, stellten wir fest. Andreas meinte, seine Eltern würden sich ausschließlich mit Schatz oder Schatzi ansprechen und er empfand es als schrecklich, dass sie sich nicht mit ihrem Namen ansprachen. Wir testeten umgehend aus, wie es sich anfühlte, nur mit Schatz oder Schatzi angesprochen zu werden. So nannten wir uns Schatz und Schatzi, komisch, zu jeder Zeit wussten wir, wer gemeint war. Anna las noch in ihrer Zeitung und beteiligte sich nicht an unserem Experiment, darum platzte ihr der Kragen nach einiger Zeit und sie meinte ernsthaft sauer: „Könnt ihr jetzt auch mal wieder normal reden? Ich bin frühmorgens für solche Späßchen und eure ‚Munterschaft' noch nicht aufgelegt!"
„Ach! Wenn die Arroganz geht, dann kommt die ‚Munterschaft' auch zu Anna, ist ja mal was Neues", sagte Andreas spitz.
„Was meinte er nun damit?" Anna saß da mit offenem Mund und ich spürte im Nacken, wie es in ihrem Kopf arbeitete. Sie sortierte nur noch die Worte und ich zählte

gedanklich rückwärts von zehn bis null. Bingo, dann ging es los.

„Was meinst du genau, Andreas, worauf bitteschön spielst du jetzt wieder an?" In der Vergangenheit, so konnte ich mich erinnern, hatten die zwei schon mehrere Auseinandersetzungen. Andreas ging es oft auf die Nerven, wenn Anna abfällige Bemerkungen über unsere fröhliche Stimmung machte und somit schon manchen lustigen Abend in einen ernsten Diskussionsabend verwandelte. Ich hatte jetzt irgendwie keine Lust, wieder ernst zu diskutieren, Sascha wohl auch nicht. Er spürte die geballte Energie von Anna, versuchte vom Thema abzulenken und fragte: „Kennt ihr den schon? Treffen sich zwei Männer …"

Anna hielt ihm den Mund zu: „Gleich darfst du deinen Witz erzählen, jetzt will Andreas gerade was sagen!"

„Will ich? Ich glaube, du weißt genau, was ich meine", sagte Andreas und sah Anna durch den Rücksiegel an.

„Du spielst wieder auf unsere Arbeit an? Hey, Ulrike, willst du nicht wissen, was Andreas denkt?"

„Stell dir vor, Anna, ich weiß, was er denkt", sagte ich genervt.

Andreas schaut mich an. Mit großen Augen fragte er: „Ach, was denn?"

„Ist das hier ein Ratespiel?", meldete sich Sascha kleinlaut aus seiner Ecke.

„Ruhe jetzt auf den hinteren Plätzen", bestimmte Andreas. „Okay, dann sage ich es euch. Ihr oder besser du, Anna, kannst dich den ganzen Tag über Dinge hinwegsetzen, die schlimm sind, verdienst dein Geld damit, es berührt dich nicht, und genauso verhältst du dich auch deinen Freunden gegenüber. Wir haben Urlaub, wollen Spaß und unsere liebe Anna ist wieder einmal nicht für Spaß aufgelegt – ich finde es doof, wie du es schaffst, anderen die Laune zu verderben. Kannst du einfach mal locker werden und anfangen, mit uns deinen Urlaub zu genießen?"

„Das muss ich mir noch überlegen", schmollte sie, verschränkte ihre Arme, schaute demonstrativ aus dem Fenster und murmelte: „Tolle Freunde."

Sascha grinste: „Andreas, versuch erst gar nicht die nächsten 100 Kilometer anzuhalten, sonst läuft Anna wieder nach Hause, aber aus dem fahrenden Auto springt sie bestimmt nicht."

Wir lachten laut los, nur Anna fand das nicht komisch und schmollte weiter.

Andreas wechselte die Musik und wir schwiegen alle sehr lange.

Nun hatten wir den Stadtverkehr von Frankfurt geschafft und fuhren Richtung Darmstadt. Die Strecke war nicht schön, rausschauen war uninteressant, also beschloss ich noch ein wenig zu schlafen. Und wieder träumte ich, ich glaubte, ich träumte den Traum der letzten Nacht weiter. Aber auch diesmal konnte ich ihn weder zu Ende träumen noch konnte ich mich an ihn erinnern.

Das Knallen einer Autotür riss mich aus dem Schlaf. Wir mussten schon mehr als 100 Kilometer gefahren sein, eher sollte Andreas ja nicht anhalten.

Sascha und Anna waren auch ausgestiegen, Andreas schaute ins Auto und machte ein Handzeichen wie: „Willst du auch mitkommen, einen Kaffee trinken?"

Oh ja, Lust auf Frühstück hatte ich auch. Ich hüpfte aus dem Auto und wir setzten uns in die Raststätte. Wir bestellten uns Frühstück, Andreas räkelte sich, Sascha schlug vor, dass er nun von Straßburg bis Freiburg das Fahren übernehmen könnte.

Nach einem herzhaften Frühstück vertraten wir uns im anliegenden Wald die Beine, besuchten anschließend brav die Toilette und stiegen wieder in das Auto. Anna wollte sich auf dem Rücksitz platzieren, als sie aber sah, dass ja Sascha nun Wagenführer war, schlug sie vor, ich solle mich doch zu Andreas auf die Rückbank setzen. Hatte sie das gemacht, weil sie keine Lust hatte, neben dem angriffslustigen Andreas zu sitzen, oder hatte sie gemerkt, dass Andreas Sympathien für mich hatte? Beim Spaziergang durch den Wald hatte er sich bei mir untergehakt. Für mich wirkte es eher kumpelhaft. Obwohl, er war mir schon sehr sympathisch. Jetzt hatten wir ja Zeit uns einmal näher kennenzulernen. Wir waren oft ausgegangen, immer zu viert, und wir hatten viel Spaß. Nie hatte ich darüber nachgedacht, ob er vielleicht als Partner für mich in Frage kommen würde. Es war alles so normal. Wir plauderten über unsere Arbeit und ich glaube, mein Kopf war einfach zu voll für weitere Gedanken.

Als ich nun neben ihm im Auto saß, habe ich ihn beobachtet. Er hatte ein tolles Profil, markante Gesichtszüge, seine Mundwinkel waren schön gleichmäßig nach oben geschwungen. Alles passte sehr gut zusammen, seine Ohren, die Größe der Augen. Wie war seine Augenfarbe? Hm, das konnte ich jetzt nicht einmal sagen, ich musste gleich mal heimlich nachsehen. Er hatte dunkle, kurze Haare, war so groß wie Anna, also um einiges größer als ich, hatte eine sportliche Figur und einen knackigen Hintern, das war mir schon aufgefallen. Wenn ich die Geschichten in anderen Frauenzeitschriften las und die Aussagen der Frauen: „Ich schaue erst in die Augen, zuletzt interessiert mich der Hintern" – so ein Blödsinn. Natürlich waren mir seine freundlichen Augen aufgefallen, aber ich konnte mir ja nicht einmal die Farbe merken. An seinen Hintern dagegen konnte ich mich gut erinnern, er hatte da so eine Jeans, oh Mann, super!, habe ich gedacht, aber trotzdem habe ich zu dem Zeitpunkt noch nicht darüber nachgedacht, wie es wohl wäre, wenn ich mit ihm zusammen wäre. Es ist mir eben einfach nur aufgefallen. Saschas Hintern war nicht so prall, also nicht unbedingt mein Geschmack. Sascha war nur unmerklich größer als Andreas. Er wirkte etwas schlaksig, war aber irgendwie ein Dressman, er sah immer aus wie frisch aus einem Katalog. Wenn er seine Witze erzählte, vermutete man nicht, dass er das konnte, er wirkte so brav und darum lachten alle los, auch wenn sie seinen Witz nicht verstanden hatten. Er war irgendwie drollig, und wenn er dabei war, wurde es nie langweilig, ihm fiel zu allem etwas ein.

Anna habe ich ja schon beschrieben, allerdings sah sie auf der Tour sehr locker aus, bequeme weite Hose, dicke Boots, flauschiger Rollkragenpulli. Während der Fahrt zog sie ihre Schuhe aus und streifte sich dicke Wollsocken über, die Beine zog sie auf den Sitz und legte ihre Arme um die Beine. Sie sah aus, als wäre sie auf dem Absprung oder wollte irgendetwas Spannendes erzählen. Aber ich dachte, vielleicht war sie auch nur nervös, das wäre ja ein echt menschlicher Zug an ihr.

Nach dem Frühstück wurde ich wieder müde und es dauerte auch nicht lange, da schlief ich ein. Ich versuchte erst nicht auf Andreas' Schulter zu rutschen. Immer wenn ich eingedöst war und merkte, dass ich mich anlehnte, zuckte ich zusammen und setzte mich wieder aufrecht hin, bis Andreas mir mit seiner Körperhaltung zu verstehen gab:

Es ist in Ordnung, lehne dich ruhig an. So sank ich also auf Andreas' Schulter, fühlte mich wohl und schlief ein.
Sascha fuhr sehr gleichmäßig und ruhig, wir hatten ja keine Eile. Unsere Strecke führte von Frankfurt nach Straßburg, Freiburg und vorerst Basel. In Basel wollten wir übernachten. Sascha hatte dort einen alten Freund, den er gerne wiedersehen wollte. Wir hatten eine Übernachtung in einem kleinen Hotel gebucht. Am nächsten Morgen wollten wir weiter nach Luzern und von dort aus zum St. Gotthard, dort war auch die kleine Skihütte von Saschas Eltern.
Der Audi A6 von Andreas lag mit dem vielen Gepäck und den Skiern auf dem Dachgepäckträger gut auf der Straße.
Diesmal träumte ich von Onkel Jean und Tante Jessica und von unseren Weihnachtstagen in den letzten Jahren, es war so, als wäre ich da. Im Traum überreichte ich den beiden die Geschenke, die ich ihnen im November gekauft hatte. Tante Jessica freute sich so sehr über die Lampe und den Weihnachtsschmuck. Sie bat Onkel Jean ihn sofort an den Baum zu hängen, bevor er sein Geschenk auspacken durfte. Danach packte Onkel Jean sein Geschenk aus. Sein Blick machte mir Angst und ich stand im Traum da wie angewurzelt. Es schien eine Ewigkeit zu vergehen, bis er endlich eine Reaktion zeigte. Er sah mich so an, als wenn er sagen wollte: „Mein liebes Kind, immer habe ich an Wunder geglaubt und es war ein Wunder, deine Tante getroffen zu haben, aber lass dir sagen, alles im Leben geht einmal vorbei, und wenn die Zeit gekommen ist, da helfen dann auch keine Wunder mehr." Ich schaute ihn an und wollte ihn festhalten, unruhig rief ich: „Geh

nicht, Onkel Jean, lass uns nicht allein, geh nicht, geh nicht."
Diesmal wurde ich durch einen festen Druck an meinem Arm geweckt und ich brauchte einige Zeit, bis ich wusste, wo ich war und wer diesen Druck auf meinen Arm ausübte. Es war Andreas, der versuchte mich wachzurütteln, und als ich zu mir kam, sagte ich: „Geh nicht!" Andreas flüsterte: „Wer soll nicht gehen, Ulrike, hast du geträumt?"
Bäh, ich hatte einen pelzigen Geschmack im Mund und ganz ausgetrocknet war er auch. Ich fühlte mich wie gerädert und war echt etwas verstört. Ich wollte jetzt nicht antworten, einmal weil ich Bedenken hatte, Andreas könnte sich an meinem schlechten Atem stören, zum anderen wollte ich mich unbedingt an meinen Traum erinnern, er saß mir mächtig in den Knochen.
„Jetzt nicht", antwortete ich leise. Als wüsste er genau, was ich jetzt brauchte, reichte er mir eine Flasche Wasser. Nachdem ich getrunken hatte, nahm er meinen Kopf und legte ihn auf seine Schulter zurück, streichelte meine Wange, wie Mütter es bei ihren Kindern machten, um sie zu beruhigen, und flüsterte: „Schließe noch einmal die Augen, dann kannst du dich bestimmt besser erinnern, aber versprich mir, mit mir über deinen Traum zu sprechen, ja?" Ich nickte kuschelte mich wieder ein und ging gedanklich meinen Traum noch einmal durch. Mann, dachte ich, Onkel Jean hat sich im Traum von mir verabschiedet. So ein Blödsinn aber auch, er war nicht krank, im Gegenteil, ich habe immer bewundert, wie fit er war. Er machte regelmäßig Sport, er trank nicht, lebte und ernährte sich sehr bewusst, absolut vorbildlich. Er hat sehr viel arbeiten müssen. Seit er seine Anstellung in Toulouse

bei der Lufthansa bekam, hatte er es leichter; er verdiente viel Geld für eine Arbeit, die er liebte.

Und er hatte überhaupt niemals Beziehungsstress mit meiner Tante. Wenn die zwei ihre Geschichten erzählten, die sie gemeinsam erlebt hatten, konnte ich nie genug davon hören. Insgeheim wünschte ich mir so eine harmonische Beziehung, wie die zwei sie hatten.

Nun konnte ich von meinen Erinnerungen wieder auftauchen, setzte mich aufrecht hin und atmete tief ein, um mir mit Nachdruck zu sagen: „Hey! Ulrike, es war nur ein Traum."

Außerdem konnte ich bei unserem nächsten Halt Tante Jessica anrufen. Die Vorstellung beruhigte mich und so vergaß ich meinen Albtraum.

Gegen zwei Uhr machten wir eine längere Pause, wir fuhren aber keinen Rastplatz an. In Freiburg suchten wir ein italienisches Lokal auf. Sascha hatte es so beschlossen: „Heute gibt es Pasta, basta! Drum kehren wir beim Italiener ein, wer nicht fährt, bekommt zudem noch Wein."

Darauf erwiderte ich: „Lieber Sascha, so soll es sein!"

Anna und ich suchten erst einmal die Toilette auf. Ich hatte meinen Kulturbeutel unter den Arm geklemmt, um mich ein wenig frisch zu machen. Mit geputzten Zähnen, gewaschenem Gesicht und gekämmten Haaren fühlte ich mich schon viel besser.

Nachdem auch Anna sich frisch gemacht hatte, gingen wir in das Restaurant. Sascha und Andreas lasen schon in der Speisekarte. Als wir uns dem Tisch näherten, sah Andreas mich erfreut an, als hätte er mich lange nicht gesehen, und irgendwie ersetzten Schmetterlinge in meinem Bauch mein Hungergefühl. Ich fühlte mich plötzlich sehr zu ihm hingezogen. Meinen Sitzplatz wählte ich nicht neben ihm, sondern nahm gegenüber meinen Platz ein. So konnte ich ihn besser sehen.

Heute war der 19. Dezember und irgendwie hatte ich das Gefühl, der heutige Tag würde mein Leben verändern. Sascha und Anna waren in ein Gespräch vertieft, es ging wohl allgemein über die italienische Küche. Richtig verfolgen konnte ich ihr Gespräch nicht.

Ich schaute Andreas tief in die Augen.

Er sagte nichts und schaute wiederum mir tief in die Augen.

Dann schüttelte er sich, so als hätte er Schüttelfrost. Wie aus einem tiefen Schlaf erwacht, rieb er sich die Augen mit dem Handrücken, sah mich ernster an und fragte leise: „Ulrike." Ich hörte es so gern, wenn er meinen Namen sagte. „Hast du deine Tante schon angerufen?"

Fast hätte ich es vergessen, jetzt stieg eine leichte Sorge in mir auf. Ich sagte: „Nach dem Essen werde ich sofort telefonieren, danke, dass du mich daran erinnerst."

„Ich wüsste gerne, was du geträumt hast, magst du es mir erzählen?", fragte er sanft. Andreas schenkte mir seine Aufmerksamkeit auf eine liebevolle Weise, das tat so gut. Ich blickte zu den anderen, sie waren immer noch „in der italienischen Küche". Hinter vorgehaltener Hand sagte ich zu Andreas: „Wenn wir alleine sind."

„Okay! Den Moment sehne ich schon lange herbei!", erwiderte er mit einem Schmunzeln.

Ich hielt meinen Kopf schief wie ein kleiner Hund.

„He?", fragte ich.

Eine Antwort bekam ich nicht, der Kellner kam an unseren Tisch und wollte die Bestellung aufnehmen. Die Herren hatten schon gewählt, Anna auch.

Da ich in Andreas' Augen geschaut hatte anstatt in die Karte, wählte ich ohne nachzuschauen, was ich schon häufig beim Italiener aß. „Einmal Spaghetti Frutti di Mare und dazu eine Weißweinschorle."

Bis das Essen kam, erzählte Sascha uns ein wenig von seinem Freund, wir wollten schließlich wissen, mit wem wir den Abend verbringen würden.

Sie kannten sich seit der ersten Klasse und hatten zusammen das Abitur gemacht. Nach dem Abitur zog Klaus, so hieß er, mit seinen Eltern nach Basel. Die Mutter erbte dort das Haus ihrer Großmutter. Klaus und Sascha hatten immer mal wieder telefoniert und manchmal hatten sie zusammen Skiurlaub gemacht, oben in der Hütte von Saschas Eltern. Zwei Jahre hatten sie sich nun nicht mehr gesehen. Klaus hatte zwischenzeitlich geheiratet und nun war auch ein Baby unterwegs. Sascha kannte die Frau von Klaus nicht.

Vor ungefähr einem Jahr rief er Sascha an, es hätte ihn erwischt und es wäre die Frau fürs Leben. Nun war Sascha gespannt, wie so eine Frau fürs Leben aussah. Andreas zeigte ihm einen Vogel: „Du spinnst, meinst du, es gäbe ein Einheitsaussehen für ‚die Frau des Lebens'? Das entscheidet nur dein Herz und dann ist es wurscht, wie sie aussieht."

Wir waren auf jeden Fall alle gespannt auf den Abend. Bevor wir unsere Fahrt fortsetzten, schlenderten wir ein wenig durch die Stadt und sahen uns Schaufenster an. Kauflustig war keiner von uns, wir hatten ja auch genug Gepäck. In einem Café tranken wir einen Espresso, danach gingen wir zurück zum Auto.

Andreas übernahm sein Auto wieder. Wie selbstverständlich stiegen Sascha und Anna hinten ein und ich nahm „meinen Platz" neben Andreas ein.
Wir hörten Radio. Andreas wollte den Verkehrs- und Wetterbericht hören. In Freiburg hatte es schon geschneit. Dächer, Bäume und Felder sahen aus, als hätte sie jemand mit Puderzucker bestreut. Die Straßen waren noch frei. Dieser Anblick versetzte mich in eine wohlige, friedliche Stimmung. Ich dachte an Tante Jessica. „Oh Schitt!", rief ich aus. Andreas fuhr augenblicklich langsamer. Von hinten riefen die zwei wie aus einem Mund: „Was ist passiert?" Andreas blieb ganz ruhig, blickte weiter konzentriert auf die Straße, klopfte einmal mit der Faust auf das Lenkrad und sagte: „Wir haben vergessen zu telefonieren." Ich sah ihn erstaunt an.
Anna fragte: „Ach, wen wolltet ihr denn anrufen?" Es klang ein wenig spöttisch. Ich drehte mich zu ihr um und sagte: „Ich wollte Tante Jessica anrufen und fragen, ob mein Paket angekommen ist."
„Gut, das kannst du ja auch in Basel machen, aber kennt Andreas Jessica auch oder wolltest du deinen Onkel anrufen?" Diesmal klang es spitz. Andreas antwortete nicht gleich, da erwiderte ich: „Andreas wollte mich erinnern." Im selben Moment habe ich mich geärgert, dass ich mich rechtfertigen wollte, ich hätte wie Andreas nicht antworten sollen.
Von hinten kam allerdings keine weitere Bemerkung außer wieder wie aus einem Munde „Ach so."
Anna schien aufzutauen, sie spielte mit Sascha Schnick – Schnack – Schnuck. Sie dachten sich neue Gegenstände aus und es wurde diskutiert, welcher Gegenstand gewinnt, wie z. B. Stuhl und Tisch, der Tisch gewinnt, weil man

den Stuhl darunter schieben kann. Andreas grinste mich an und sagte: „Geht doch." Lachend schüttelte ich den Kopf wie eine Mutter, die sich über ihre Kinder amüsiert.
Im Radio kamen ständig Aufrufe mit der Bitte um Spenden für SOS-Kinderdörfer oder Regionen der Dritten Welt. Ich erinnerte mich an den Spendenaufruf im Fernsehen, bei dem mir vor Freude die Tränen kamen, weil so viel Geld zusammengekommen war. Auch die Erinnerung an meinen letzten Termin kam wieder zurück und ich fragte mich, wie es der Frau wohl ging.
Ich wartete die Nachrichten ab. Das Wetter sollte trocken und sonnig bleiben. Also konnten wir beruhigt unsere Fahrt fortsetzen. Ich drehte das Radio leiser und versuchte ein Gespräch in, wie ich hoffte, die richtige Richtung zu lenken. Ich fing mit meiner Meinung über Spenden an, lenkte dann zügig auf die Armut in Deutschland und erzählte, wie es einigen Familien in Deutschland ging durch Arbeitslosigkeit und Krankheit. Um eine Diskussion heraufzubeschwören, fragte ich: „Habt ihr mal darüber nachgedacht?"
Sascha: „Ne, ich habe mir darüber noch nie Gedanken gemacht."
Anna schaute vorwurfsvoll zu Sascha und sagte: „Sascha, du liest unsere Zeitung nicht, da gibt es genug Schicksale."
Sascha: „Ne, eure Zeitung lese ich nicht, ist mir viel zu gruselig. Außerdem ist es ja auch eine Frauenzeitschrift. Du willst mir doch nicht erzählen, dass du jeden Bericht liest."
Anna: „Klar lese ich jeden Bericht. Ich muss sie schließlich genehmigen."
Andreas: „Du liest sie, aber verstehst du sie auch?"

Anna: „Was soll das nun wieder?"
Andreas: „Ich meine, ob du sie liest und nachher auch weißt, worum es in den Geschichten geht?"
Anna: „Klar weiß ich das!"
Andreas: „Berührt es dich denn auch?"
Anna: „Na, manchmal schon, aber wenn ich alles mit Gefühl lesen würde, dann käme ich nicht mehr klar. Manche Dinge dienen eben nur dem Zweck und die muss man weit von sich halten, sonst bräuchte ich den Job nicht machen. So ist das nun mal. Die meisten haben doch auch selber schuld, was heiraten sie jeden Erstbesten, der daherkommt. Wer mit einem Alk zusammen bleibt, muss sich nicht wundern, oder!?"
Sascha: „Noch schlimmer sind die, die sich gerne hauen lassen."
Andreas: „Ich glaube kaum, dass sie ihren Männern die Erlaubnis dafür erteilen."
Jetzt griff ich ein und hoffte meine Geschichte vortragen zu können: „Das hat meist ganz andere Ursachen wie Erfahrungen aus der Kindheit, geringes Selbstbewusstsein usw."
Anna: „Ulrike, wir können ja für unsere Geschichtsfiguren einen Spendenaufruf machen. Was würdest du davon halten? Ich wette, da kommt kein Cent zusammen."
Darauf ich: „Vielleicht suchst du dir nur eine aus und machst einen Anfang."
Anna: „Ich habe in diesem Jahr schon gespendet."
Sascha: „An wen oder was?"
Anna: „An ein SOS-Kinderdorf."
Andreas sah mich mit großen Augen an. „Einen neue Seite an Anna?"

Anna: „Mensch, lass doch mal deine Sprüche, Andreas, glaubst du, ich habe kein Herz?"

Andreas: „Doch, das hast du, sonst wärest du aus rein biologischer Sicht nicht lebensfähig, und wie ich sehe, lebst du."

Anna: „Ulrike, wenn du das Thema schon so ansprichst. Sag mal ehrlich, gibt es aus deiner Sicht irgendjemanden, über den wir einen Bericht geschrieben haben, der so arm ist, dass er hungern muss? Hier in Deutschland braucht doch kein Mensch hungern. Hier wird doch jeder bestens versorgt."

Sascha: „Ich könnte mir vorstellen, dass es wohl einige Menschen gibt, die lange Zeit arbeitslos waren und nun mit weniger zurechtkommen müssen als vorher, aber hungern, ne, das glaube ich nicht."

Nachdem Sascha das gesagt hatte, kannte plötzlich jeder eine Geschichte von einem Bekannten, der eine Schwester hatte, die alles verloren hatte durch die Arbeitslosigkeit. Oder einen Onkel, der jemanden kannte, der nach vier Jahren Arbeitslosigkeit wieder eine Arbeit fand.

Anna kannte sogar eine Familie, die ihr Haus verkaufen musste, weil sie die Hypotheken nicht mehr aufbringen konnte, nachdem der Mann arbeitslos geworden war. Jetzt wohnten sie in einer schönen Wohnung und die Miete wurde, so meinte sie, sogar vom Arbeitsamt bezahlt.

Dann bekam ich endlich eine Chance meine Geschichte zu erzählen und ich hoffte für Sascha, dass er mich jetzt nicht unterbrach.

Ich begann bewusst mit: „Ich kenne eine Frau, die hat drei kleine Kinder, ein Jahr, zweieinhalb und vier, sie selbst ist erst dreiundzwanzig."

Niemand unterbrach mich, während ich meine Geschichte erzählte, und niemand bemerkte, dass ich aus meiner Tasche mein Aufnahmegerät zog. So könnte ich die Geschichte bestimmt nicht wieder erzählen, also nahm ich sie auf.
Ich brachte all mein Gefühl hinein, als würde ich von meiner eigenen Schwester erzählen. Von meiner Spende sagte ich nichts. Als ich nach einiger Zeit mit meiner Geschichte fertig war, war es mucksmäuschenstill im Auto. Durch den Schminkspiegel sah ich Anna, sie schaute aus dem Fenster. Sie dachte angestrengt nach, das konnte ich an den Falten auf ihrer Stirn sehen.
Sascha schaute geradeaus. Als er merkte, dass ich ihn ansah, seufzte er tief und sagte: „Eine schlimme Sache, und du meinst, diese Fälle oder ähnliche tragen sich häufiger in Deutschland zu!?"
„Ja!", sagte ich.
Andreas fragte: „Wo hast du diese Frau kennengelernt?"
Bevor ich antworten konnte, platzte Anna dazwischen. Das war auch gut so, sonst hätte ich Andreas anlügen müssen, und ich kann nicht lügen, ohne rot zu werden. Sie rief:
„Mensch, Ulrike, die Geschichte ist total super, frag die junge Frau doch, ob sie uns nicht ihre Geschichte verkaufen will. Dann hat sie wenigstens für einen Monat genug Geld."
Ruckartig drehte ich mich zu Anna um und fauchte sie an:
„Ach! Für einen Monat, ja! Und wie soll es dann weitergehen!?"
Anna hielt schützend die Hände hoch: „Ups, Püppi, ich wollte doch nur helfen."

„Mann, Anna, dann überlege doch erst einmal, bevor du so achtlose Vorschläge machst. Es kann einfach nicht sein, dass wir mit so einem Scheiß unser Geld verdienen. Diese Geschichte gehört bestimmt an die Öffentlichkeit, aber nicht in unser ‚Schmierenblatt'", platzte es aus mir heraus. Ich war so wütend. Ich spürte, wie meine Wangen ganz heiß wurden. War es die Wut oder mein Erstaunen über meinen Mut, Anna so ehrlich zu begegnen?

Andreas schaute mich stolz an und nun war es lange still. Andreas legte eine CD ein und fuhr mit einem zufriedenen Gesichtsausdruck weiter.

Kurz vor Basel sprach Anna mich an: „Ulrike, vielleicht kann man in diesem Fall mal überlegen, wie wir Paten für die Kinder finden. Wenn die Mutter mal wieder in ein Krankenhaus muss, dann braucht sie ja auch jemanden für die Kinder und da wäre es doch gut, wenn die Familien auch gut betucht wären."

Ich bedankte mich für den Vorschlag und bat sie, dieses Thema vorerst nicht mehr anzusprechen. Und dass wir nach Lösungen suchen müssten, wenn wir wieder zu Hause wären. So ging ich einer weiteren Diskussion aus dem Weg. Mir war klar, dass ich diese Art der Arbeit nicht noch länger machen wollte, und ich hatte auch nicht vor, meine Geschichte im „Tageslichtreport" zu veröffentlichen.

# Kapitel 8

Wir näherten uns Basel. Sascha war wieder anwesend und klemmte sich in die Lücke zwischen Fahrer- und Beifahrersitz. Er schaute auf die Hinweisschilder und erklärte Andreas, welche Abfahrt er nehmen musste.

Wir kamen von der Autobahn und fuhren ca. eine halbe Stunde über eine Landstraße. Es war schon dunkel, die Landschaft sah so wundervoll aus. In den Häusern brannten Lichter. An einigen Häusern war auch außen die Weihnachtsbeleuchtung schon angebracht, die Schneelandschaft spiegelte das Licht der Häuser wider. „Wie ein Bild auf einer Postkarte", flüsterte Andreas, als wenn er meine letzten Gedanken erraten hätte. Er war mir so nah.

Wir kamen in einen kleinen Ort, der zu Basel gehörte, und bald hatten wir auch unsere kleine Pension erreicht.

Der Weg führte durch ein Tor auf einen gepflasterten Innenhof. Das Gebäude lag in einer U-Form vor uns. Ein alter Bauernhof, der zu einer Pension umgebaut worden war.

Andreas parkte das Auto. Für diese Übernachtung hatte ich mir zu Hause schon eine kleine Tasche gepackt, so konnte ich meinen Koffer im Wagen lassen.

Anna und Sascha nahmen all ihre Koffer mit. Andreas hatte auch nur eine kleine Tasche.

Wir hatten zwei Doppelzimmer gebucht. Es war ca. 17.00 Uhr und um 20.00 Uhr wollten wir bei Klaus sein. Also verabredeten wir uns für 19.30 Uhr wieder an der Rezeption.

Anna und ich betraten ein gemütliches Zimmer, das Bett sah sehr einladend aus. Wir zogen unsere Schuhe aus und warfen uns nebeneinander auf das Bett. Schweigend starten wir die Zimmerdecke an. „Schönes Zimmer, hässliche Lampe", sagte ich. Anna musste lachen: „Stimmt!", sagte sie. Ich spürte, wie Anna mich von der Seite ansah, dann fragte sie: „Ulrike, bin ich wirklich so herzlos, wie Andreas behauptet?"

Freundlich sah ich zu ihr rüber: „Anna, wir sind nun schon seit einem Jahrzehnt Freundinnen und ich mag dich, so wie du bist. Obwohl ich ernsthaft glaube, die Arbeit im ‚Tageslichtreport' verdirbt langsam unseren Charakter. Wohlgemerkt, dir und mir. Wir sollten uns vielleicht etwas ausdenken. Ich bin nicht so wie du, aber ich glaube, du hast genug Power und auch bestimmt eine gute Idee für ein eigenes Magazin. Willst du ewig so weitermachen? Was denkst du, wie lange das noch gut geht? Ich habe das Gefühl, wir verpuffen unsere Intelligenz. Dabei haben wir vielleicht die Möglichkeit Größeres zu tun oder sogar etwas zu verändern."

„Die Arbeit hat dir doch Spaß gemacht und wir haben auch viel zu lachen, nette Kollegen und einen großzügigen Chef, der uns vertraut. Geht es denn im Leben immer nur darum, etwas zu verändern, oder darum, zu arbeiten, Geld zu verdienen, sich Sicherheiten zu schaffen und sich ein schönes Leben gestalten zu können?", sagte sie ruhig.

„Anna, das eine schließt das andere doch nicht aus. Vielleicht sollten wir mal wieder Wein trinken und ein bisschen herumspinnen. Aber ab jetzt, meine Süße, haben wir Urlaub." Ich umarmte sie mit den Worten: „Ich habe dich lieb."

„Ich habe dich auch lieb", erwiderte sie, „und Andreas hat dich lieb. Was geht da zwischen euch?"

„Hm!" So recht mochte ich nicht damit rausrücken, aber mit Anna konnte ich über so etwas reden. Also erzählte ich ihr, dass es erst seit der Fahrt für mich so war. Darauf meinte sie, sie hätte es schon seit Wochen gemerkt, dass Andreas mich immer anstarrte. Irgendwie beruhigte es mich. Anna hat sich sichtlich für mich und auch für Andreas gefreut.

Wir merkten nicht, wie die Zeit verging. Anna sagte: „Du wolltest Jessica anrufen." „Danke", sagte ich, sprang auf und schaute, ob ich vom Zimmer aus telefonieren konnte. Es war möglich. Anna schlug vor, dass sie, während ich telefonierte, unter die Dusche hüpfte. Das war gut, weil ich allein sein wollte.

Nachdem Anna im Bad verschwunden war, setzte ich mich an das kleine runde Tischchen in unserem Zimmer, nahm das Telefon und wählte die Nummer von Tante Jessica. Mein Albtraum war schon verblasst, also machte ich mir keine Sorgen. Ich hörte das Freizeichen, meine Tante meldete sich.

„Hallo, Tante Jessica, Ulrike hier", sagte ich munter.

„Ulrike, meine Liebe, dein Paket ist angekommen, wir werden es erst am Heiligen Abend öffnen. Wie geht es dir und wo bist du?" Ich sah, wie sie durch das Telefon lachte, ihre Stimme klang so lieb.

„Ich bin in Basel, wir bleiben über Nacht hier. Heute Abend besuchen wir einen Freund von Sascha. Mir geht es gut, ein wenig müde von der Autofahrt. Ich wollte auch nur fragen, ob das Paket angekommen ist und wie es euch geht. Es ist schon komisch Weihnachten nicht bei euch zu sein, ihr werdet mir fehlen."

„Meine liebe Ulrike, du bist jung, genieße die Zeit. Ihr habt bestimmt viel Spaß und hier ist es doch immer gleich, Onkel und Tante erzählen alte Geschichten, die du schon so oft gehört hast. Du wirst uns auch fehlen", beruhigte sie mich.

„Ja, ha! Genau das macht ja den Heiligen Abend für mich aus. Ich habe mich niemals gelangweilt. Was macht Onkel Jean?"

„Der Arme hat eine schlimme Erkältung. Er legt sich aber nicht ins Bett. Gestern hat er den Weihnachtsschmuck vom Dachboden geholt und schön sauber gemacht. Morgen will er einen Baum kaufen. Du kennst ihn ja. Ich habe heute Kekse gebacken. Ich schicke dir auch eine Dose."

„Hm, oh ja, darauf freue ich mich schon. Ich wünsche euch eine schöne Zeit und gib Onkel Jean einen dicken Kuss von mir", sagte ich. Gerne hätte ich noch länger telefoniert, aber die Zeit drängte und ich wollte auch noch unter die Dusche. Tante Jessica wünschte mir ebenfalls eine schöne Zeit, schickte mir einen Kuss, eine Umarmung und legte auf.

Onkel Jean war also erkältet, na ja, das würde schon nicht so schlimm sein. Kurz stellte ich mir vor, wie emsig es bei den beiden zuging, wie viel Mühe sie sich gaben, um ein schönes Fest zu feiern, obwohl sie nur zu zweit waren. Für Onkel Jean war das Weihnachtsfest das schönste Fest im Jahr.

Ich fragte mich, wie ich wohl die Weihnachtszeit vorbereiten würde und ob ich die Tradition der beiden so übernehmen könnte. In diesem Jahr unterbrach ich die Tradition, hoffentlich würde es mir nicht zu sehr fehlen.

Anna kam aus dem Bad im Bademantel und mit einem Turban auf dem Kopf.

„Bad ist frei, Süße", sang sie und machte eine Bewegung wie ein Butler, der mir den Weg über den roten Teppich weist.

„Dann will ich mal eine Runde plantschen gehen", ich sprang auf und verschwand im Bad.

Das warme Wasser auf der Haut löste ein behagliches Gefühl in mir aus. So recht entspannt fühlte ich mich schon seit einiger Zeit nicht mehr und nun hatte ich das Gefühl, die Anspannung nahm sogar zu. Vielleicht drehten sich meine Gedanken ständig im Kreis, weil ich überarbeitet war und den Urlaub dringend brauchte. Meine Überlegungen und der Wunsch, etwas zu verändern, machten mir sogar ein wenig Angst.

Ich wusste von den anfänglichen Hürden, die auf mich zukommen könnten, wenn ich einen Neuanfang wagen würde. Wie fest nun meine Überzeugung war, nicht länger für den „Tageslichtreport" zu arbeiten, konnte ich nicht sagen, es war nur so ein Gefühl. Andreas schwirrte auch ständig in meinem Kopf herum, wir hatten uns schon so oft getroffen. Mir war nicht aufgefallen, dass er mich ansah, so wie Anna sagte. War es nur ein Schwärmen, das wieder verschwinden würde, wie würde sich das entwickeln? War ich aufmerksam genug, um auch im richtigen Moment zu erkennen, was er wollte? Ich sollte wohl nicht so viel denken und mich einfach mal fallen lassen und meinen Urlaub genießen.

Es klopfte an der Tür.

„Bist du fortgeschwommen? Es ist sieben und ich müsste noch einmal ins Bad", rief Anna.

Zu mir sagte ich: „Ulrike, du bist eine Träumerin, jetzt aber schnell in die Klamotten."

Anna war schon fertig. Sie trug noch ein wenig Schminke auf, während ich mich anzog. Dann malte ich mich auch an. Genau um 19.30 Uhr waren wir an der Rezeption. Sascha und Andreas kamen auch gerade aus dem Fahrstuhl. Andreas strahlte mich an, kam auf mich zu, legte mir den Arm um die Schulter und sagte: „Dann kann es ja losgehen. Sascha hat ein Taxi bestellt." Das Taxi fuhr schon vor, als wir aus der Pension kamen. Zehn Minuten später hielten wir vor dem Haus von Klaus.
Klaus öffnete die Tür, bevor wir die Klingel bedienten.
Er strahlte, als hätten wir uns um Stunden verspätet. Sascha begrüßte ihn zuerst. Sie umarmten sich wie zwei Brüder. Danach stellte Sascha uns der Reihe nach vor. Klaus gab uns die Hand mit den Worten: „Freut mich"
Wir traten ein, im Korridor war eine freie Garderobe. Bei mir müsste ich erst alles freiräumen, da hingen fast alle Jacken, die Garderobe der vier Jahreszeiten. Wir standen noch im Korridor, als Claudia, so hieß die Frau von Klaus, die Treppe herunterkam. Dass sie hochschwanger war, konnte man sehen, allerdings nur an ihrem Bauch, den sie vor sich hertrug. Ansonsten war Claudia von schlanker Statur und sehr hübsch. Sie erinnerte mich an Meg Ryan, kurze, blonde Haare mit pfiffigem Schnitt, ein schmales Gesicht und ein umwerfendes Lächeln. Sascha bekam große Augen.
„Das ist also die Traumfrau, hallo, schöne Frau!", begrüßte er sie und sie umarmten sich ebenfalls, als würden sie sich ewig kennen. „Ich habe schon so viel von dir gehört, ist das toll, dass wir uns endlich kennenlernen", rief Claudia erfreut.
Wir stellten uns ihr vor, danach wurden wir in ein weihnachtlich geschmücktes Ess-Wohnzimmer geführt.

Der Tisch war liebevoll dekoriert und es roch nach Essen, mein Magen knurrte.
Anna fragte: „Claudia, du hast dir die Mühe gemacht und für uns gekocht?"
„Nur eine Kleinigkeit, ihr habt hoffentlich Hunger mitgebracht?!"
„Ja!", sagten wir wie aus einem Mund. Sie bat uns Platz zu nehmen. Klaus ging in die Küche und kam mit einem Tablett Bruschetta zurück.
Claudia servierte eine Terrine, aus der es nach Brokkoli-Suppe duftete.
Wir aßen, Sascha und Klaus erzählten Geschichten aus ihrer gemeinsamen Schulzeit. Die zwei erzählten die alten Geschichten mit einer unglaublichen Komik. Ich dachte, nur Sascha hätte diese Gabe, aber die beiden zusammen waren schon eine Nummer für sich. Wir mussten so lachen und es tat gut. Claudia war sehr sympathisch, Anna und ich wurden schnell mit ihr vertraut.
Den ganzen Abend blieben wir am Tisch sitzen. Ab und zu beobachtete ich Andreas. Erst hatte ich das Gefühl, er fühlte sich ein wenig fehl am Platz. Aber er hörte den Geschichten zu und schien sich köstlich zu amüsieren. Als die Gespräche zu später Stunde allgemeiner wurden, hat er seinen trockenen Humor bewiesen. Ich spürte, wie sehr ich ihn mochte und wie angenehm er und ganz besonders seine Stimme waren.
Ich hatte vor langer Zeit einen Freund. Zuerst trafen wir uns allein. Ich fand ihn so süß und hatte nichts an ihm auszusetzen, bis wir uns das erste Mal mit Freunden trafen. Da habe ich mich für ihn geschämt, niemals hätte ich gedacht, dass er so einen Müll von sich geben könnte. Kurz danach habe ich die Beziehung beendet.

Andreas war klasse und seine Kommentare intelligent. Ich spürte auch, dass er mich beobachtete, und habe mich von seinen Blicken nicht ablenken lassen. Ich stellte mir vor, ob es anders wäre, wenn wir zusammenkommen würden. So wie jetzt fühlte ich mich gut in seiner Nähe. Ich wünschte mir, wir wären zusammen.
Wir tranken reichlich Wein, um elf Uhr hatten wir alle bis auf Claudia einen Schwips.
Gegen zwölf sah man Claudia deutlich an, dass sie nicht mehr sitzen konnte, müde war sie auch. Anna und ich boten ihr an, mit dem Aufräumen zu beginnen, sie nahm es dankend an.
Anna flüsterte den Herrn zu: „Wenn wir aufgeräumt haben, fahren wir. Claudia ist müde."
Der Abschied war sehr herzlich.
Die Männer hätten die ganze Nacht durchmachen können. Die Gesprächsthemen nahmen kein Ende. Doch schon auf der Fahrt zur Pension schliefen Andreas und Sascha ein.
Anna und ich waren auch froh, als wir endlich im Bett lagen. Wir wünschten uns eine Gute Nacht und schliefen augenblicklich ein. In dieser Nacht träumte ich nicht. Ich schlief wie ein Baby.


**Kapitel 9**

Leicht verkatert trafen wir uns am nächsten Morgen am Frühstückbuffet. Wir frühstückten gut und ausgiebig, redeten nicht viel. Sascha hatte sichtlich mit dem Alkohol des Vorabends zu kämpfen.

Andreas war von uns der Frischeste. Nachdem wir gefrühstückt und unsere Zimmer geräumt hatten, setzten wir die Fahrt fort. Es war schon hell, aber sehr bewölkt. Schneefall wurde nicht vorhergesagt. Nach einigen Kilometern kam die Sonne heraus, der Himmel zeigte sich in einem schönsten Blau. Ich rückte mir den Beifahrersitz so zurecht, dass ich Andreas von der Seite anschauen konnte. Er trug eine Sonnenbrille und schaute konzentriert auf die Straße. Ob er wohl spürte, dass ich ihn beobachtete? In diesem Moment sah er mich über den Rand seiner Brille an. Er runzelte die Stirn, schob seine Brille wieder hoch und schaute auf die Straße. Diese Situation konnte ich nicht deuten, seufzte und sank in meinen Sitz. Anna und Sascha hatten sich ihre Kissen zwischen Kopf und Scheibe geknufft und suchten eine geeignete Schlaf-Position.

Andreas legte eine CD von Eros Ramazotti ein, die Musik beruhigte mich.

Ich bemerkte, dass Andreas immer wieder einen prüfenden Blick in den Rückspiegel warf. Er wirkte ein wenig nervös.

Nach einiger Zeit sagte er erleichtert: „Sie schlafen tief und fest." Er schob seine Sonnenbrille hoch, sah mich an und streichelte mir über die Wange.

„Ulrike, du bist eine wunderbare Frau und eine hübsche noch dazu."

Leichte Röte stieg in meinen Wangen auf. „Danke, gleichfalls", erwiderte ich.

„Wie!", sagte Andreas erstaunt, „ich bin eine wunderbare Frau und hübsch?"

„Ja!", sagte ich neckisch, „das finde ich."

Andreas lachte: „Ich hoffe, die zwei schlafen lange genug."
„Lange genug? Wofür?", fragte ich neugierig. Mein Herzschlag wurde plötzlich schneller, warum nur.
Er meinte, dass er schon seit unserer Abfahrt auf einen Moment wie diesen gewartet hätte. Noch lieber wäre es ihm, wenn wir allein sein könnten.
Auf mein „Warum?" antwortete er: „Ulrike, bitte, es ist mein Ernst! Erzähl mal, du hast doch deine Tante angerufen, wie geht es deinem Onkel?"
„Er ist nur erkältet und trotzdem emsig in seinen Vorbereitungen für das Weihnachtsfest."
Andreas fragte zögernd: „Bist du traurig, dass du in diesem Jahr nicht dort bist?"
„Das wird mir wohl erst am Heiligen Abend bewusst. Ich finde es auch spannend, den Abend mal ganz anders zu verbringen. Die Tradition wird mir fehlen und darum habe ich Bedenken, nicht so recht in Weihnachtsstimmung zu kommen. Im jetzigen Gefühlsstand vermisse ich meine Tante, wäre ich jetzt dort, dann würdest du mir fehlen." Ich schluckte und konnte kaum glauben, dass ich das gerade gesagt hatte.
Andreas grinste über das ganze Gesicht, es schien ihn sichtlich zu erfreuen, dass ich so dachte.
„Das mit der Tradition lässt sich doch wohl machen", sagte er. „Erzähle doch mal, wie es bei euch so war."
Lebhaft erzählte ich von meiner Weihnachtszeit und all den damit verbundenen Vorbereitungen, Gefühlen und Gerüchen.
Andreas hörte gespannt zu, so als würde man einem Kind ein Märchen erzählen. Als ich meine Geschichte beendete, sagte er: „Ulrike, du hast eine phantastische Art, zu er-

zählen, ich hatte gerade das Gefühl dabei gewesen zu sein. Du wirst deiner Tante und deinem Onkel bestimmt fehlen. Du hängst sehr an den beiden?", fragte er.
„Ja! Sie haben meinen Wunsch, Eltern zu haben, erfüllt. Zudem habe ich viele Eigenschaften von meiner Tante geerbt, das hat meine Mutter schon immer gesagt, als ich noch klein war."
Dann erzählte Andreas von seinen vergangenen Weihnachtsfesten.
Bei ihm zu Hause gingen die Vorbereitungen lebhafter vonstatten. Er hatte zwei Geschwister. Einen Bruder, Thomas, und eine Schwester, Brigitte.
Es gab in jedem Jahr Streit, wer mit dem Vater die Krippe aufbauen durfte. Auf meine Frage, warum sie nicht alle zusammen die Krippe aufgebaut haben, erwiderte er: „Weil ja auch der Baum geschmückt werden musste und unsere Mutter brauchte Hilfe in der Küche." So wurde gelost, einer Küche, einer Baum und einer Krippe. Als sie älter waren, haben sie es untereinander ausgemacht. Die Großeltern mütterlicherseits waren am Heiligen Abend zu Besuch.
Um die Geschenke wurde gewürfelt. Wer eine Sechs würfelte, durfte ein Geschenk unter dem Baum hervorholen und es demjenigen überreichen, dessen Namen darauf stand. Das hatte sich seine Mutter ausgedacht, sie meinte, dass die Spannung sonst zu schnell vorbei sei. Während der Bescherung wurde gegessen und viel erzählt. Also war das Fest bei Andreas auch sehr gemütlich. Es machte mir große Freude, ihm zuzuhören. Er hatte anscheinend ein gutes Verhältnis zu seinen Eltern. Seine Geschwister sah er nicht so häufig. Sie studierten, Brigitte in Münster und Thomas in Göttingen. Sie kamen nur selten nach Hause.

Andreas war oft bei seinen Eltern. Seine Großeltern waren vor zwei Jahren gestorben, beide in einem Jahr. In diesem Jahr fehlte er das erste Mal. Zum Abschluss seiner Erzählung seufzte er: „Sie werden mir auch fehlen, aber ich glaube, dieses Weihnachten werde ich niemals vergessen."

Ich rutschte an ihn heran und küsste seine Wange mit den Worten: „Wir machen es uns auch gemütlich."

Er nahm meine Hand und ließ sie nicht mehr los.

Ich kann nicht beschreiben, was ich fühlte – Wärme, Geborgenheit, Schutz und irgendwie hatte ich das Gefühl, als würden wir uns schon ewig kennen.

Andreas sah mich kurz von der Seite an und flüsterte: „Ich bin verliebt, Ulrike." Erstaunt neckte ich ihn: „In wen denn?"

Wieder lachte Andreas nur. Auf der Rückbank erwachte jemand. Ein knätschiges Stöhnen war zu hören. Sascha reckte sich, er schaute nach links und rechts. Noch nicht ganz in der Welt der Wachen angekommen fragte er: „Wie lange habe ich geschlafen?" „Elfundneunzig Stunden", antwortete ich. „Ach so, na dann möchte ich mir mal die Beine vertreten und pinkeln, so lange habe ich noch nie geschlafen", antwortete er spöttisch.

„Schaffst du es noch einen Kilometer? Dann kommt der nächste Rastplatz." „Hm, das kann ich dir nicht versprechen, aber es ist ja dein Auto, Andreas."

Ich sah mich um. Sascha beugte sich gerade zu Anna rüber. Ich dachte, ich sehe nicht richtig, da küsste er sie auf die Wange, mehrmals mit ganz vielen kleinen Schmatzern. Ich konnte nicht wegsehen, weil ich gespannt war, wie Anna darauf reagieren würde. Mit einem Stupser an

Andreas' Bein machte ich ihm deutlich, er möge einen Blick in den Rückspiegel werfen.

Sascha sprach leise in einem Märchenerzählton: „Anna, liebes Anna-Dornröschen, nun hast du schon elfundneunzigeinhalb Stunden geschlafen, bitte schlafe keine hundert Jahre, du bist so wunderschön, für dich habe ich mich durch die Dornenhecke gekämpft und jetzt möchte ich, dass mein Anna-Dornröschen wach wird, zu mir auf mein Pferd steigt und mit in mein Schloss kommt."

Anna kam langsam zu sich. Im Halbschlaf wischte sie sich die Wange, als wolle sie einen Fleck entfernen. Sie öffnete die Augen und erschrak; sie schien nicht zu wissen, wo sie sich befand. Sascha war immer noch ganz nah vor ihrem Gesicht und sah ihr tief in die Augen.

Sie riss die Augen auf und starrte Sascha unverständlich an.

„Sascha, du Blödmann, was tust du?", sagte sie knurrig.

„Oh, Anna-Röschen, sei nicht sauer, ich wollte nur nicht, dass du hundert Jahre schläfst, drum habe ich dich wachgeküsst."

So spontan hatte ich Anna noch niemals erlebt. Sie nahm Saschas Gesicht in beide Hände und küsste ihn auf den Mund. „DANKE, mein Prinz." Ich musste lachen. Anna schaute triumphierend. Sascha bettelte mit einem Dackelblick: „So, nun muss ich aber pinkeln."

Am Rastplatz angekommen, war es sehr kalt. Wir wechselten in warme Schuhe und Jacken, besuchten die Toilette, machten ein paar Lockerungsübungen, vertraten uns die Beine und setzten die Fahrt fort.

**Kapitel 10**

Am späten Abend erreichten wir die Hütte. Vor der Tür brannte Licht. Außerhalb der Saison kümmerte sich ein Rentnerehepaar um das Haus. Sascha hatte sie gebeten, die Hütte zu heizen, ein paar Sachen einzukaufen, und da wir erst am späten Abend ankommen würden, bat er sie auch die Außenbeleuchtung einzuschalten. Das war eine gute Idee, die Hütte lag sehr einsam und es war stockfinster rundherum.
Das Licht wirkte warm und einladend. Im Schnee leuchtete es wie funkelnde Kristalle. Der Weg zur Hütte war geräumt. Andreas parkte das Auto, schaute mich an und sagte: „Wir sind zu Hause, mein Schatz!"
Ich grinste ihn an. Sascha und Anna haben es nicht gehört.
Wir stiegen aus dem Auto, ich sog mit einem tiefen Atemzug die kalte Luft ein und streckte mich. Es war eiskalt und ich freute mich schon darauf die Hütte von innen zu sehen. Von außen sah sie nicht wie eine Hütte aus, eher wie ein Holzhaus.
Wir gingen mit unserem Gepäck den Weg bis zur Eingangstür, der Schnee knarrte unter unseren Füßen. Andreas und ich konnten unser Gepäck in einem Gang zur Hütte bringen. Sascha und Anna mussten zweimal gehen. Als Sascha die Hütte aufgeschlossen hatte und wir eingetreten waren, staunten wir nicht schlecht, das hatten wir nicht erwartet. Wir gingen durch einen kleinen Flur, links war der Eingang zum Gäste-WC, gegenüber an der rechten Wand stand ein massiver Garderobenschrank aus hellem Holz, Schnitzereien verzierten seinen Rahmen. Links und rechts vom Schrank stand jeweils ein Schuhregal.

Durch eine Holztür betraten wir eine große Wohnküche, links hatte man einen Blick auf die schöne helle Holzküche in U-Form, Küche und Wohnseite wurden durch einen langen Tisch mit acht Stühlen getrennt. Vor uns war eine lange Fensterfront, die Fenster reichten bis auf den Boden. Am Tag hatte man sicher einen wunderschönen Ausblick auf die Berge, jetzt konnte man nur ein kleines Licht auf einem Hügel erkennen. Vor der großen Fensterfront dekorierten links und rechts zwei große Kugel-Boden-Lampen den Raum. Sie leuchteten in einem orangenen Licht und gaben dem Raum eine freundliche Atmosphäre. Links an der Wand war ein Kamin, in dem das Feuer loderte. Das Ehepaar konnte noch nicht lange weg sein, die letzten Holzscheite waren vom Feuer noch nicht umfangen. In dem Raum war eine behagliche Wärme und es roch ein wenig nach Feuer. Vor dem Kamin, etwa in einem Meter Abstand, lag auf dem Holzfußboden ein zwei mal zwei Meter großer Lammfellteppich, auf dem vier Sitzkissen verteilt waren. In der Mitte des Raumes stand mit Blickrichtung zum Kamin eine Couch in L-Form, die einlud, sich sofort hinzuflegeln. Vier kuschelige Decken lagen aufgerollt für uns bereit, dicke Kissen in Braun schmückten die helle Couch. Kleine Klapptische standen links und rechts neben dem Sofa, auf jedem war ein Tablett, darauf je zwei Weingläser, ein Teller mit Knabbereien und drei Teelichter in Gläsern, die weihnachtlich gestaltet waren. Der Dielenboden sah sehr gepflegt aus und es duftete nach Wachs, dieser Duft erinnerte mich an meine Tante und meinen Onkel.
Auf dem Esstisch, der auch weihnachtlich dekoriert war, standen vier Teller und ein Korb mit frischem Baguette,

aus der Küche kam ein Duft von frischer Gemüsesuppe und Glühwein.
Andreas ging zum Herd – alles noch warm. Er öffnete einen Deckel: „Oh, schaut mal, lecker Suppe." Es war alles so liebevoll zurechtgemacht. Sascha war begeistert, dass sein Auftrag so perfekt ausgeführt wurde. Er klatschte in die Hände und rief: „Kinder, Hände waschen, das Essen ist fertig! Doch vorher zeige ich euch noch die Zimmer." Er ging voran, eine kleine Treppe führte in die oberen Räume. Von einem langen, schmalen Flur gingen fünf Zimmertüren ab. Es gab vier Schlafzimmer und ein großes Gemeinschaftsbad.
Sascha zeigte uns zuerst das Bad. Es war modern eingerichtet mit einer Dusche und einem Whirlpool; auch hier waren es die kleinen Details, die die Gemütlichkeit ausmachten. Selbst hier auf der oberen Etage war es angenehm warm.
Die vier Zimmer waren alle von der gleichen Ausstattung. Ein französisches Bett mit Nachttisch, eine Kommode am Fußende des Bettes, ein Kleiderschrank, ein Waschbecken mit Spiegel. Das beruhigte mich, ich hatte mich schon zerwuschelt in der Schlange vor dem Bad gesehen. Um das Bett herum lagen bunte Läufer, passend zur Tagesdecke, die ein wenig amerikanisch wirkte durch ihre Patchworkoptik.
Vor dem Fenster stand ein kleiner runder Tisch mit einem Rattan-Stuhl, in dem ein weiches Lammfell lag. Auf dem Tisch stand eine Kerze und auf dem Nachttisch war eine Lampe mit einem Milchglasschirm. Nun bezog jeder von uns sein Zimmer. Ich schlüpfte noch schnell in eine bequeme Hose und zog einen kuscheligen Kapuzen-Pullover über. Meine Haare steckte ich mit einer Krallen-

spange hoch. Schnell wusch ich mir das Gesicht, dabei bemerkte ich, dass ich müde aussah, aber auch irgendwie freundlicher als an den letzten Tagen vor unserer Abreise. Für einen kurzen Moment hatte ich das zierliche Gesichtchen der jungen Frau vor mir, mit der ich den letzten Termin hatte. Dann beschloss ich in die kuschelige Wohnküche hinunterzugehen und freute mich auf das leckere Essen.

Sascha stand schon am Herd und rührte in der Suppe. „Hallo, Ulrike. Na, hast du Hunger?", rief er mir mit winkendem Kochlöffel zu. „Ja", erwiderte ich, „Sascha, ich habe mir eine Hütte hier oben ganz anders vorgestellt. Es ist alles so hell, modern und so gemütlich. Ich finde es hier einfach nur toll und danke, dass du uns hierher eingeladen hast." Wir schauten beide in den Kochtopf. Sascha umarmte mich wie eine kleine Schwester und sagte: „Ich freue mich, dass ihr mich hierher begleitet habt." Andreas kam zu uns, umarmte Sascha von der anderen Seite und fragte schelmisch: „Na, Sascha, mein Süßer, hast du das Essen schon fertig?" Sascha entzog sich unserer Umarmung, schwenkte gleichzeitig mit einem Hüftschwung ein Trockentuch über die Schulter und sprach durch die Nase: „Ja, setzt euch bitte an den Tisch, die Suppe wird gleich serviert." Auch Anna betrat soeben die Küche. Wir setzten uns, Sascha servierte die Suppe, Andreas brach das Brot und reichte jedem ein Stück. Während wir aßen, war es ganz still, man hörte nur die Löffel, wenn sie mit dem Tellerrand in Berührung kamen.

Nach dem Essen tranken wir einen Becher Glühwein vor dem Kamin. Sascha erklärte, welche Umbauarbeiten er mit seinem Vater hier vorgenommen hatte, und zeigte Fotos, wie die Hütte vorher ausgesehen hatte. Andreas schien das wirklich zu interessieren. Anna und ich sahen uns nur die Vorher-Nachher-Fotos an. Ich bin dann wohl eingerollt in meine Decke eingeschlafen. Irgendwann spürte ich Annas Hand auf meiner Wange: „Ulrike", sagte sie zweimal leise, „Ulrike, wach auf, komm, ich bringe dich in dein Zimmer." Schlaftrunken sah ich mich um: „Wo sind die Jungs?" „Die zwei sind schon schlafen gegangen." Benommen machte ich mich, eingewickelt in meine Decke, auf den Weg zur Treppe.

Anna knipste noch schnell das Licht aus und folgte mir. Vor meiner Tür umarmte ich sie und wünschte ihr eine gute Nacht. „Ach ja", sagte sie und drehte sich noch einmal zu mir um. „Wir haben beschlossen, morgen kann jeder so lange schlafen, wie er möchte." Ich strauchelte in mein Zimmer, da meine Decke verrutscht war, aber ich konnte mich noch im letzten Moment fangen. Ganz schnell und viel zu kurz putzte ich mir die Zähne. Meine Augen öffnete ich erst gar nicht mehr vollständig, ich wollte nur noch ins Bett. Und das war so bequem, ich spürte, wie sich meine Knochen entspannten. Das Bettzeug roch frisch und alles war so weich. Dann dachte ich kurz an Andreas, warum war er wohl ohne mich zu wecken ins Bett gegangen? Wir hatten kein persönliches Wort mehr gewechselt, seit wir hier angekommen waren. Er sah mich zwar oft an, aber ich hatte das Gefühl, es sei anders als auf der Fahrt. Mochte er mich plötzlich nicht mehr, hatte ihn etwas an mir gestört? Ich befahl mir mit diesen Gedankengängen aufzuhören. Ich war müde und er war es sicher auch. Und dann schlief ich endlich ein.

**Kapitel 11**

Ein leises Klopfen holte mich aus dem Schlaf. Zunächst wusste ich nicht, wo ich war. Nachsehen konnte ich auch nicht, meine Augen wollten sich einfach nicht öffnen, ich brachte nur ein krächzendes „Ja" heraus. Genau wusste ich es nicht, aber ich ging davon aus, dass jemand an meine Tür geklopft hatte, und war der festen Überzeugung, es konnte nur Anna gewesen sein.
Meine Tür öffnete sich einen Spalt, ich hörte meinen Namen und blinzelte zur Tür. Augenblicklich saß ich senkrecht im Bett und war hellwach. „Andreas???!!! Ist was passiert?"
„Nein", sagte er, „ich habe dich vermisst und wollte schauen, ob du noch unter den Lebenden bist, es ist schon halb eins."
„Waaas?!", rief ich. „Wieso habt ihr mich nicht eher geweckt? Das ist ja voll peinlich." „Tröstet es dich, wenn ich dir sage, dass wir auch erst seit einer halben Stunde auf sind? Wir haben uns gedacht, wir könnten vielleicht alle zusammen frühstücken, was hältst du davon?"
Argwöhnisch schielte ich Andreas an: „Hat Anna es zugelassen, dass du mich weckst?"
„Wir wollten dich alle wecken, also haben wir Streichhölzer gezogen."
„Ach, so ist das." Plötzlich fiel mir ein, wie zerzaust ich aussehen musste. Ich nahm vom Nachtisch schnell meine Haarspange und tüderte meine Haare zusammen.
Andreas stand inzwischen in meinem Zimmer mit einer wartenden Haltung. „Was ist?", fragte er, „kommst du?"
„Ja", sagte ich und wies mit dem Kopf auf die Tür. Andreas verstand meine Geste und verschwand. Durch die

geöffnete Tür war der frische Kaffee-Duft bis an meine Nase gedrungen, das machte mir das Aufstehen noch leichter. Duschen konnte ich auch später. Schnell einen kurzen Kontakt mit der Zahnbürste und dem kalten Wasser, Jeans, T-Shirt und Pulli und ab zum Frühstückstisch. Als ich die Treppe herunterkam, wurde ich mit einem lebhaften „Guten Morgen!" begrüßt. Es fehlte nur der Nachsatz: Frau Lehrerin.

Ich tanzte einen „Guten Morgen, hey, wir haben Urlaub"-Tscha-Tscha-Tscha und kassierte für diesen Auftritt Applaus von meinen Freunden. Warum musste ich immer rot werden? Aber sie haben es nicht gemerkt. Gut so.

Andreas lachte mir ins Herz.

„Wer hat denn schon Brötchen geholt?"

„Schon ist gut", sagte Andreas.

Sascha sagte stolz: „Die habe ich gebacken." Wir futterten und schwiegen. Ab und zu machte ein Seufzer die Runde, wir fingen an uns zu entspannen. Ich genoss die Gemütlichkeit der Hütte, den Anblick von Andreas, rundum fühlte ich mich wohl. Wir beschlossen, uns heute einmal die Umgebung anzusehen.

Nach dem Spätstück bereiteten wir ein wenig Proviant vor, packten uns in warme Klamotten und machten uns per pedes auf den Weg runter in das kleine Dorf. Die Straße ging ca. drei Kilometer bergab. Bei dem Gedanken, diesen Marsch am Abend bergauf zu laufen, wurden meine Beine schon schlapp.

Die Sonne schien, es war eisig kalt, um uns herum nur Schnee, Berge und schneebedeckte Bäume. Ein Anblick von Ruhe und Frieden. Die Luft war so kalt, dass ich husten musste, wenn ich tief einatmete. Doch durch den Abstieg wurde uns warm. Wir banden uns die Jacken um die Hüfte. Im Dorf angekommen, war es vorbei mit der Ruhe. Viele Stimmen, Lachen, Rufe, Musik, die aus jedem Geschäft zu hören war, und das Klappern von Skiern, Schlitten und Rodelgeräten. Ein buntes Bild, aber auch dreckig durch den schwarzen Schneematsch am Straßenrand. Wir bewegten uns auf den Skilift zu. In einer langen Schlange warteten die Menschen mit und ohne Skier auf den Lift. Sascha bat Anna und mich, uns in die Schlange zu stellen, er wollte Karten kaufen. Andreas schickte er für uns eine heiße Schokolade holen.

Während Anna und ich warteten, sahen wir einer Anfängergruppe bei der Skigymnastik zu. In einer eingezäunten Fläche mit kleinen angehäuften Schneehügeln übten Kleinkinder das Skifahren. Die sahen so niedlich aus; dass es überhaupt so kleine Skianzüge gab, fand Anna erstaunlich. Sascha und Andreas kamen zurück. Wir nahmen dankend den heißen Kakao entgegen. Durch das Warten in der Schlange war uns kalt geworden, so kam er genau richtig. Gerade als wir unsere Becher in den Mülleimer geworfen hatten, bekamen Anna und ich auch schon die Anweisung, uns für den nächsten Lift bereit zu halten. Und ehe wir uns versahen, baumelten unsere Beine schon in der Luft. Wir winkten Sascha und Andreas zu, die gleich hinter uns im Lift Platz nahmen. Heute an unserem ersten Tag wollten wir nur hoch zur ersten Skihütte fahren, um die Pistenbeschaffenheit zu begutachten und einen Pistenplan für unsere morgige Abfahrt zusammenzustellen.

# Kapitel 12

Sascha zog einen Pistenplan aus der Tasche: „Kommt, wir suchen uns einen warmen Platz in der Hütte und stellen für morgen einen Pistenplan zusammen." Aus der Hütte drang die laute Musik nach draußen. In der Hütte wurde gesungen und geschunkelt. Warm war es und es gab noch einen freien Tisch. Wir pellten uns aus unseren Skihosen und -jacken und bestellten Glühwein. Für eine Unterhaltung war es jedoch zu laut, und so beschlossen wir unseren Pistenplan am Abend in aller Ruhe vor dem Kamin in unserer Hütte zu besprechen.
Unsere Laune war nicht so schlecht, aber in Partylaune war keiner. Das Grölen war stellenweise so laut, dass man die Musik nicht hörte.
Sascha war der Meinung, nur mit dem gleichen Alkoholpegel, wie die Anwesenden hier ihn schon erreicht hatten, könnte man die Stimmung auch ertragen, und er hatte keine Lust heute noch so viel Alkohol zu trinken.
Ein junger Mann tanzte laut singend an unseren Tisch heran, beugte sich schielend zu Anna herunter und fragte: „Na, schöne Frau, darf ich bitten?"
Ärgerlich schaute Anna ihm ins Gesicht und sagte bissig: „Worum du mich auch immer bitten willst, ich sage NEIN!"
Schmollend zog er ab. Sascha seufzte: „Gott sei Dank."

Gemeinsam beschlossen wir, unsere Gläser zu leeren und den Heimweg anzutreten.
Es dämmerte schon. Als wir mit der Seilbahn herunterglitten, wurden wir durch den zauberhaften Anblick für

den kurzen und nervigen Aufenthalt in der Hütte belohnt.

Die Lichter und der glänzende Schnee versetzten mich in absolute Weihnachtsstimmung.

Der Heimweg war beschwerlich. Andreas und Sascha leuchteten uns den Weg mit ihren Taschenlampen. Obwohl es nun bergauf ging, wurde mir nicht warm. Ich hakte mich auf den letzten Metern bei Anna unter. Wir waren uns wieder vertrauter. Während sie sich an mich kuschelte, sagte sie: „Ulrike, ich freue mich so, dass wir diesen Urlaub und auch Weihnachten zusammen verbringen. Die Hütte ist der ideale Ort, um abzuschalten, und ich habe schon so viel nachgedacht. Irgendwie habe ich immer mehr das Gefühl, dass etwas in meinem Leben nicht richtig ist. Ist es mein Beruf? Fehlt mir eine Liebe? Habe ich mich verändert oder ist es einfach das Alter?"

„Ach, Anna-Maus, das kann ich dir nicht beantworten!", seufzte ich. „Doch mir geht es ähnlich. Die Liebe kann es bei uns nicht sein, es ist auch nicht die Arbeit an sich, ich glaube eher, es ist der Inhalt unserer Arbeit. Ich kann mich mit dieser Art Berichterstattung nicht länger beschäftigen. Wir sollten versuchen unsere Arbeit inhaltlich zu verändern."

„Hm", sagte Anna, „aber wie? Vielleicht kommen wir zu einer Lösung, wenn wir uns hier noch mehr erholt haben. Wir sollten uns die Zeit nehmen, in Ruhe über neue Möglichkeiten und Ideen zu sprechen, bevor uns die Arbeit wieder einfängt und wir von dem Wunsch nach Lösungen wieder abgebracht werden. Aber Ulrike, weißt du, was mich brennend interessieren würde? Was ist mit Andreas und dir? Habt ihr schon? Du weißt, was ich meine."

„Nein!" Das war ein Nein von mir, das gleich mehrere Bedeutungen hatte, wie: viel zu früh/was denkst du von mir/du müsstest mich besser kennen/so weit sind wir noch nicht. Anna hatte es auch wohl so verstanden, sie hakte nicht weiter nach.
Nun erwischte ich mich dabei, wie ich dachte, dass ich es mir wünschte.
„Bist du richtig verliebt?", fragte Anna. „Ja, er ist so toll, schau ihn dir doch mal an, und seine Art gefällt mir!", schwärmte ich.
„Ihr passt auch gut zusammen, das haben Sascha und ich festgestellt." Dabei hüpfte sie seitwärts wie ein kleines Mädchen.

Auf unserem Ausflug hatten wir nichts von unserem Proviant gegessen. Anna und ich bereiteten nun von den Dingen das Abendbrot vor. Andreas und Sascha kümmerten sich um den Kamin. Als wir gegessen hatten, war der Raum schon erfüllt von behaglicher Wärme und dem Knistern des Feuers. Am Nikolaustag haben wir alle vier noch arbeiten müssen, im Vorjahr hatten wir uns für das Schrottwichteln bei Anna getroffen. In diesem Jahr haben wir das Schrottwichteln auf den Urlaub verschoben.
„Es ist so gemütlich hier, wollen wir heute einen Wichtelabend machen?", fragte Anna.
Begeistert von Annas Idee verschwanden wir auf unseren Zimmern, um die Geschenke zu holen. Jeder hatte vier Päckchen.
Weiß der Himmel, wie Sascha das so schnell organisiert hatte, als wir wieder herunterkamen, stand auf dem Küchentisch ein kleiner geschmückter Tannenbaum und auf jedem Platz ein Nikolaus. Der Tisch war mit Zimtster-

nen, Nüssen und Mandarinen dekoriert. Dazwischen standen Teelichter, das Licht war gedimmt. Wie auch im letzten Jahr hatten wir alle unsere Nikolausmützen aufgesetzt. Sascha stand schon an der Treppe wie ein Butler, in der Hand ein Tablett mit vier Bechern Glühwein.
Anna nahm ihr Glas zuerst und sagte: „Danke, du Zauber-Nikolaus."
Dann nahm ich meinen Becher und hauchte: „Danke, du Gute-Ideen-Nikolaus."
Bevor Andreas seinen Becher nahm, packte er Saschas Gesicht mit beiden Händen und küsste ihn auf die Stirn mit den Worten: „Danke, du lieber Nikolaus."
Andreas reichte uns einen kleinen Sack, in den wir unsere Päckchen legten. Die einzelnen Pakete waren mit Namen versehen.
Ich wollte mich gerade hinsetzen, da nahm Andreas mich liebevoll in den Arm, küsste mich vor den anderen und flüsterte: „Ulrike, ich halte das nicht mehr lange aus, so nebeneinander her. Ich möchte dir ganz nah sein, nur damit du es weißt." Völlig verdattert stotterte ich: „Ja, mir geht es auch so."
Dass er sich mir so direkt mitteilte, löste in mir eine Flut von Emotionen aus, die ich so lange nicht hatte. Liebe, Freude und starke Leidenschaft, die ich am liebsten gleich mit ihm geteilt hätte. Gott sei Dank beruhigte ich mich schnell wieder.
Sascha hielt vorab ein kleines Ständchen mit gereimten Versen.
„Guten Abend, wir sitzen hier zusammen,
zwei Frauen und zwei Mannen;
was haben wir heute vor?
Seid ganz leis und leiht mir ein Ohr;

Gedanken haben wir uns gemacht,
und jeder hat etwas mitgebracht.
Nun packen wir langsam aus;
denn wir feiern heut den Nikolaus; HOHO!"

So lustig fing der Abend an und so ging er auch weiter.
Sascha war ein hervorragender Entertainer. Er redete den ganzen Abend wie Rüdiger Hoffmann und Andreas wie Johann König.
Meine Wangen schmerzten. Anna und ich lachten, bis uns die Tränen kamen.
Anna rutschte vor Lachen ein paar Mal unter den Tisch, Sascha sprang schnell auf und zog sie unter den Achseln wieder hoch. Wenn sie sich dann die Tränen wischte, neckte er sie: „Du musst net Tränen lachen, Anna-Röschen, gleich machst Pipi ins Höschen."
Die Wichtelgeschenke waren sehr originell. Ich bekam von Anna ein „peinliches" Geschenk. Es war noch fest verschlossen in der originalen Packung. Die Jungs machten große Augen und Andreas fragte: „Etwas, was du nicht mehr benötigst, Anna?"
Sascha schaute sich die Packung an und bemerkte: „Hallo erst mal, ist der auch noch nicht in Gebrauch gewesen? Ich wollte ja nur sagen ..., also, Anna, das beruhigt mich, dass du das Ding nicht brauchst, aber es stimmt mich auch nachdenklich. Na, bei deinem Aussehen hast du doch bestimmt 'nen Freund, der es dir ... ähm, oder vielleicht auch nicht? Also, ich könnte da mal was arrangieren. Ich schau mal gleich auf meinen Terminkalender."
Anna konnte sich kaum halten vor Lachen und rutschte wieder vom Stuhl. „Dein Gesicht hättest du sehen müssen, Ulrike", kicherte sie unter dem Tisch weiter.

Einschüchtern konnte mich dieser kleine künstliche Penis nicht.

Ich hielt das Paket hoch, stand auf und begann mit meiner Rede.

Der Glühwein unterstützte mich ein wenig in zweierlei Hinsicht. Ich war mutig und rote Wangen hatten die anderen auch.

„Also, meine lieben Mitmenschen und Anwesenden." Die drei brüllten los.

„Das war doch nicht komisch, wartet nur ab. Weiter im Text.

Meine Frage an Sie, was glauben Sie, warum sich Frauen so ein Ding zu Hause halten?"

Sascha zeigte hastig auf: „Ersatz für einen Freund?"

„Nein, da würde doch etwas fehlen", schmunzelte ich.

Nun schnipste Anna mit dem Finger: „Ja, die Beine!"

„Ach, stell dir vor, der hätte Beine, dann könnte er fortlaufen", antwortete ich wie eine strenge Lehrerin

„Oder zur Nachbarin rübergehen", lachte Sascha.

„Ein Kopf", warf Andreas ein.

„Nein, bitte nicht, dann ist er nachher kopfgesteuert und nix geht mehr", rief ich entsetzt.

„Na", sagte Andreas, „dann wäre es doch toll für eine Frau, wenn er Hände hätte."

„Ja", sagte Anna, „dann kann er auch streicheln und auf dem Sofa mit der Frau Händchen halten."

Ich erwidere in der Verkäufersprache: „Dann, meine lieben Zuhörer, müsste auf der Packungsbeilage folgender Hinweis stehen.

BITTE BEWAHREN SIE DIESE GEGENSTÄNDE GETRENNT VONEINANDER AUF.

Sonst passiert Folgendes, Sie kommen nach Hause, haben Lust sich mit Ihrem kleinen Freund zu amüsieren, Sie öffnen die Schranktür, und da sitzt er, wischt sich die Stirne und sagt: PUH, schon fertig."

Wir prusteten und hielten uns die Bäuche vor Lachen. Es dauerte eine ganze Weile, bis wir wieder normal sprechen konnten. Anna sprang auf, besorgte einen Zettel und einen Stift. Dann haben wir versucht alles noch einmal schriftlich festzuhalten, dabei mussten wir immer wieder lachen.
Sascha lachte: „Du komms jepfst in Fernseh, Ulrike."
Bis um zwei Uhr haben wir noch Activity gespielt. Andreas sah mich oft an. Anna und Sascha bemerkten es, sie zwinkerten sich zu, gähnten laut und sagten: „Och, wir gehen dann mal schlafen. Ihr könnt das bestimmt allein abräumen?"
Als die zwei die obere Etage erreicht hatten, räumten wir schnell und schweigend den Tisch ab. Wenn ich Andreas versehentlich streifte, wurde mir warm und ich wollte ihn. Als ich mir ein Tuch nahm, um die Arbeitsfläche in der Küche trocken zu wischen, nahm er mir das Tuch weg, reichte mir seine Hand und zog mich vor den Kamin herunter auf das Fell.
Die Wärme war sehr angenehm. Wir blickten uns in die Augen, Andreas streichelte mein Gesicht, dann küssten wir uns. Ich muss in eine Trance gefallen sein. Ich wusste nicht, wann und wie ich mich ausgezogen hatte. Wir lagen nackt nebeneinander. Unsere Lippen konnten sich nicht trennen und so liebten wir uns und es war unser erstes Mal, es war so wunderschön, zärtlich, wild, ohne Hemmungen und voller Leidenschaft.

Ich fühlte mich wohl und so geliebt.
Diese Nacht verbrachten wir gemeinsam in meinem Zimmer. Gegen fünf Uhr morgens wurden wir wach, wir liebten uns ein zweites Mal.
Das war der 21. Dezember, der Anfang einer neuen, wunderbaren Liebe.


**Kapitel 13**

Johanna hatte sich für den heutigen Tag einen Babysitter geleistet. Luisa war ein siebzehnjähriges Mädchen aus der Nachbarschaft. Sie hatte schon oft auf die Kinder aufgepasst. Johanna hatte ihr niemals Geld dafür geben können. Als Johanna Luisa in der letzten Woche fragte, ob sie vor Weihnachten einmal Zeit hätte, ihre Kinder zu beaufsichtigen, hatte Luisa sofort den 21. Dezember vorgeschlagen. Da sie an dem Tag Weihnachtsferien bekam, hatte sie den ganzen Tag Zeit.

Johanna war überglücklich. Früh am Morgen stand sie auf. Die Kinder schliefen, und wenn sie sich leise verhalten würde, schliefen sie bestimmt noch eine Stunde. Sie duschte ausgiebig. Als sie mit ihren Händen über ihren Kopf fuhr, spürte sie die Haarstoppeln. Ein Gemisch aus Angst und Freude breitete sich in ihr aus.
Hatte sie die Krankheit wirklich überstanden oder hatte sie sich irgendwo in ihrem Körper versteckt?

Vor einem Jahr war ihr Kopf noch bedeckt von braun gelocktem Haar. Gleich nach der ersten Chemo stand sie wie jetzt unter der Dusche, wusch ihre Haare, sie hingen in Bündeln zwischen ihren Fingern und sie sah entsetzt zu, wie sie mit dem Wasser Richtung Ausguss schwammen. Wie erschrocken sie war, als sie diesen Anblick wahrnahm, sie schrie und tobte, schimpfte auf ihre Erkrankung. Sie bückte sich nach ihren Haaren und rief, sie wolle ihre Haare zurück. So stand sie vor dem Spiegel mit dem lichten Haar, beim Kämmen fielen ihr noch mehr aus, sie zog an dem kläglichen Rest auf ihrem Kopf, doch ein paar Strähnen blieben. Sie beschimpfte ihr Spiegelbild: „Ja, schau nicht so doof, du siehst aus wie ein Zombie!" Vor dem Waschbecken brach sie zusammen, das Gesicht mit ihren Händen bedeckt, schluchzte sie und rief: „Hilfe, Hilfe, warum hilft mir denn keiner." Danach folgte das nicht enden wollende Erbrechen. Auch eine Folge der Chemotherapie. Obwohl ihr Magen schon leer war, würgte sie weiter, sie spuckte nur noch Galle. Als der Brechreiz vorüber war, schleppte sie sich von der Toilette auf allen Vieren zum Waschbecken, zog sich mit beiden Händen daran hoch, wagte erneut einen Blick in den Spiegel und schaute in ihre blutunterlaufenen Augen. Sie waren eingerahmt von schwarzen Rändern. Dazu das rot gefleckte knochige Gesicht von der Anstrengung beim Erbrechen. Ihre Lippen waren kreideweiß.

Sie erinnerte sich, wie sie zu sich sprach: „Jo, das bist doch nicht du, wer zum Teufel bist du? Was macht diese Krankheit mit mir, was willst du in meinem Körper? Verschwinde und lass mich in Ruhe, ich brauche dich nicht und habe dir auch nicht erlaubt, dich bei mir einzunisten, geh weg, geh weg!!!!"

Sie öffnete eine Schublade neben dem Waschbecken und griff nach einer Schere. Sie hob die letzten Strähnen hoch

und schnitt sie direkt über der Kopfhaut ab. Danach fühlte sie über ihren Kopf, dort waren nun punktförmige kleine Felder mit dunklen Stoppeln. Sie nahm sich einen Kosmetikspiegel und betrachtete sich von hinten, dabei musste sie schmunzeln, wie ein Fußball sah ihr Kopf nun aus. Sie überlegte kurz, dann fiel ihr ein, sie hatte irgendwo einen Haartrimmer, den hatte ihr Exmann vergessen, nachdem er einfach abgehauen war.
Sie ging in den Korridor, da stand eine Kommode, die untere Schublade war die „Alles-Mögliche-Lade". Hier wurden Dinge gelagert, für die es erst einmal keine Verwendung gab. Lisa packte schon einmal die Spielsachen von Mimi hinein, wenn sie ihr im Weg lagen. Diesmal fand Johanna keine Spielsachen, aber den Kurz-Haarschneider. Gleich zurück im Bad vernetzte sie das Gerät mit der Steckdose. Der Akku war leer und musste erst geladen werden. Er brauchte bestimmt zwei Stunden, bis er so viel Saft hatte, dass Johanna ihren Kopf trimmen konnte.
Sie beschloss in der Zeit ein wenig Ordnung zu schaffen. Bald kamen die Kinder mit der Betreuerin zurück.
Seit der Chemotherapie hatte Johanna eine Dorfhelferin vom Jugendamt zur Unterstützung bekommen. Eine liebe Frau um die 46 Jahre. Die Kinder mochten Frau Mathies. Erst war vereinbart, dass Frau Mathies die Kinder in der Wohnung von Johanna betreuen sollte. Doch als Johanna ihren ersten Brechanfall bekam, stellten die Kinder zu viele Fragen; zudem war Lisa, als sie ihre Mutter so sah, sehr betroffen, hielt sich an Johanna fest und weinte: „Mami, Mami, was ist mit dir?" Da beschlossen Johanna und Frau Mathies, die Kinder außer Haus zu betreuen. Gegen 14 Uhr war Johanna meist wieder fit. Und so be-

kamen die Kinder nichts von ihrem schlechten Zustand mit.

Jetzt meldete sich ihr Magen, der sich stark zusammenkrampfte. Hunger verspürte sie keinen, sie hatte auch Angst, etwas zu sich zu nehmen. Sie trank ein Glas Wasser, legte sich auf die Couch, kuschelte sich in eine Decke und schlief ein.

Frau Mathies hatte einen Wohnungsschlüssel, für alle Fälle. Sie klingelte nie.

Also kam sie auch an diesem Tag mit dem Schlüssel in die Wohnung. Den Kindern deutete sie an, ganz leise zu sein, sie spielten „Schnecken kommen heim ganz leise", ganz langsam gehend im Zehenspitzengang. Frau Mathies schlich auf Zehenspitzen als älteste Schnecke voran, auf dem Arm Penny, sie war im letzten Jahr noch ein richtiges Baby. Lisa und Mimi folgten ihr, sie spielten die kleinen Schnecken. Die Couch stand mit dem Rücken zur Eingangstür. Frau Mathies schaute sich um, alles war sauber. Die Kinder gingen direkt in ihr Zimmer, stellten ihre Rucksäcke ab und fingen gleich an zu spielen.

Frau Mathies entdeckte das Wasserglas auf dem Wohnzimmertisch und setzte Penny auf den Boden. Sie robbte sofort in das Zimmer zu ihren Schwestern.

Vorsichtig wagte Frau Mathies einen Blick über die Couchlehne. Das Blut gefror ihr in den Adern, als sie Johanna so dort liegen sah. Mit den restlichen fleckigen Haarstoppeln wirkte ihr Gesicht noch knochiger, die geschlossenen Augen sahen aus wie zwei dunkle Höhlen. Ihre Lippen waren weiß, trocken und rissig. Sie hatte großes Mitleid mit Johanna und auch Sorge, sie könne die Krankheit nicht überwinden. Ihre älteste Tochter war

auch in Johannas Alter. Behutsam setzte sie sich seitlich auf die Couch und streichelte Johanna die Wange.
Jo öffnete die Augen, sie erschrak: „Ich bin wohl eingeschlafen? Wie lange sind Sie schon zurück?" Leise antwortete Frau Mathies: „Vielleicht zehn Minuten, Johanna, soll ich Ihnen helfen?" Sie zeigte dabei auf Jos Kopf. „Die Kinder sollten Sie so nicht sehen, was meinen Sie?"
Johanna fasste sich auf den Kopf: „Oh Gott!", rief sie aus, „der Trimmer, ich hab das ganz vergessen. Sie sind mir ausgefallen, einfach so unter der Dusche", sagte sie unter Tränen.
Frau Mathies nahm Jo in den Arm und beruhigte sie.
„Kommen Sie, die Kinder spielen, ich rasiere Ihnen den Kopf und dann schauen wir mal, ob wir ein Tuch finden, okay?"
So gingen die zwei Hand in Hand ins Bad. Die Rasur dauerte nicht lange. Jo blickte in den Spiegel und sagte: „Das ist der perfekte Haarschnitt, Frau Mathies, Sie haben den Beruf verfehlt. Danke!" Beide lachten. Jo ging in den Flur an die bekannte Schublade und zog ein schönes buntes Tuch hervor, im Sommer hatte sie es sich in den Zopf gebunden.
Mit geschickten Händen zauberte Frau Mathies einen Turban.
Jo gefiel das und sie bat Frau Mathies: „Sie müssen mir unbedingt beibringen, wie man so einen Turban baut."
Frau Mathies versprach es und sagte Jo, dass sie noch mehr Tücher mitbringen werde, damit Jo die Tücher mit ihren Kleidungsstücken kombinieren konnte.
Sie bat Jo auf dem Hocker im Bad Platz zu nehmen, nahm Johannas Schminktasche, wedelte mit der Puderdose und lachte: „Na, wollen wir der Blässe mal Beine ma-

chen?" „Ja!", sagte Jo, „gerne", und legte ihren Kopf in den Nacken, voller Vertrauen zu Frau Mathies.

Jo hatte keine Wimpern und Augenbrauen mehr. Frau Mathies verlieh mit feinen Linien, ein wenig Make-up und Farbe dem blassen Gesicht wieder Ausdruck.

Jo blickte in den Spiegel, Tränen des Glücks füllten ihre Augen, doch sie traute sich nicht, diesen freien Lauf zu lassen. Viel zu sehr gefiel ihr das farbenfrohe Gesicht. Sie sah sogar fast gesund aus.

Frau Mathies legte ihr von hinten die Hände auf die Schultern und schaute mit einem Lächeln auch in den Spiegel. „Na, junge Frau, zufrieden?" „Ja", lachte Johanna zurück, drehte sich um und umarmte Frau Mathies dankbar.

Frau Mathies sagte: „So, und nun muss ich nach Hause. Übermorgen komme ich wieder." Sie umarmte Jo und ging.

Sie schaute nicht mehr in das Kinderzimmer, um die Kinder im Spiel nicht zu unterbrechen. Jo öffnete ihren Kleiderschrank und wählte ein Oberteil, das zum Tuch passte, und schlüpfte in eine bequeme Jeans.

Die Kinder spielten noch. Johanna nutzte die Ruhe und kochte sich einen Tee. Sie zündete eine Kerze an und setzte sich an den Küchentisch. Jetzt verspürte sie Hunger. Sie aß einen Toast mit Butter. Penny kam aus dem Kinderzimmer gekrabbelt. Als sie ihre Mama sah, strahlte sie und krabbelte eifrig auf sie zu. Jo nahm sie auf den Schoß. Penny bestaunte das bunte Tuch und wollte es Jo vom Kopf ziehen, doch das gestattete sie ihr nicht.

Sie holte eine Dose mit bunten Knöpfen aus einer Lade und Penny fing an zu spielen. Mit der Kleinen auf dem

Schoß schrieb sie die Ereignisse des Tages in ihr Tagebuch.

Als sie aus ihren Erinnerungen aufschaute, war sie bereits angezogen für ihren heutigen Ausflug in die Stadt. Mit der Zeit hatte sie auch gelernt, ihren Turban selbstständig zu wickeln.
Mit flinken Handgriffen bereitete sie das Frühstück für die Kinder, kochte sich einen Tee, dann hörte sie Penny schon weinen. Als sie das Kinderzimmer betrat, hörte Penny sofort auf und streckte ihr die Ärmchen entgegen. Hinter ihr im Etagenbett rührten sich auch Lisa und Mimi. „Guten Morgen, Mami", sagte Lisa, während sie sich die Augen rieb. Mimi zog sich die Decke über den Kopf und murmelte: „Kommt heute Luisa zum Spielen?" Johanna sagte in spannendem Tonfall: „Ja, sie müsste jeden Moment hier sein, zieht euch mal schnell an, dann können wir noch mit Luisa frühstücken."
Das ließen die beiden sich nicht zweimal sagen. Jo dachte: Ob sie sich auch so beeilen würden, wenn Luisa jeden Tag käme?
Penny wurde gewickelt und angezogen.
Da schellte es schon an der Tür. Mimi und Lisa öffneten Luisa und fielen ihr um den Hals.
Sie begrüßte die beiden mit: „Na. ihr süßen Zwerge!"
Das Frühstück verlief gemütlich. Luisa erzählte von ihrer Schule und die Kinder hatten viele Fragen.
Johanna wurde nun zunehmend aufgeregter und verabschiedete sich mit den Worten: „Ich wünsche euch einen schönen Tag mit Luisa, ich bin spätestens um 16.00 Uhr zurück." Küsste die Kinder und verschwand aus der Haustür.

Johanna fuhr mit der Straßenbahn in die Stadtmitte. Es war kalt, klar und trocken. Tief atmete sie die Luft ein, dabei musste sie husten. Ihr war bewusst, dass sie diese Art Freiheit lange nicht hatte, und sie beschloss alles ganz in Ruhe zu machen.

Für Penny wollte sie einen besonders schönen Teddy besorgen, Lisa und Mimi bekamen ein neues Spiel und jede sollte noch eine Puppe bekommen, zudem brauchten alle drei noch Mütze, Schal und Hausschuhe. Sie hoffte all das auch in den Lieblingsfarben der Kinder zu bekommen.

Das Geld von der netten Frau hatte sie bis jetzt nicht angerührt, weil sie einen Teil davon genau für diesen Zweck verwenden wollte. Vielleicht war es ja das letzte Weihnachtsfest.

Dann brauchte sie eine Kleinigkeit für Frau Mathies, Luisa und überlegte, ob sie der Frau vom „Tageslichtreport" eine Kleinigkeit schenken sollte. Ihr Name fiel ihr nicht mehr ein und auf der Karte war die Unterschrift so undeutlich, sie konnte nur den Vornamen „Ulrike" lesen, den Nachnamen konnte sie nicht einmal erraten.

Zuerst ging sie in eine Spielzeugabteilung. Schon lange hatte sie nicht mehr so viele Menschen gesehen. Einen Moment lang blieb sie stehen und sah ihnen zu, wie sie hastig mit keinerlei Ausdruck in den Gesichtern von einem Regal zum anderen liefen. Johanna atmete tief durch und konzentrierte sich ausschließlich auf das, was sie brauchte. Bei den Teddybären fiel ihr die Wahl nicht so leicht. Es gab so viel, sie knuddelte sechs Teddybären und entschied sich für einen braunen Ruß-Teddy, die hatte sie auch immer am liebsten gehabt. In einer Kiste hatte sie noch drei Strickpullover für Puppen, die würde sie dazu-

packen. Die Wahl der Puppen dagegen war einfach, zwei Babypuppen mit Schnuller, sie fühlten sich an wie echte Babys. Dazu besorgte sie noch zwei Strampler, einen in Blau und den anderen in Gelb. Wie würden sich die beiden darüber freuen. Sie stöberte zwischen den Memoryspielen und wählte eines mit Tierkindermotiven aus. In der Wäscheabteilung kam sie zuerst an der Nachtwäsche für Kinder vorbei, sie ging auf eine Stange mit herabgesetzten Schlafanzügen zu. Die waren so kuschelig, dass sie auch hier zugriff, wieder in den Lieblingsfarben der beiden älteren Kinder.
Danach schlenderte sie, zufrieden, etwas für die Kinder gefunden zu haben, aus dem Kaufhaus.
Ganz zielstrebig suchte sie eine Bücherei. Ihr Blick wanderte zuerst durch die Bestellerliste, sie suchte nach Büchern mit tieferem Inhalt. Grundsätzlich hielt sie nichts von zu vielen Selbsthilfebüchern, aber auch sie hatte während ihrer Erkrankung schon vieles für sich daraus ziehen können. Luise L. Hay etwa oder Bücher über Autogenes Training. Ganz toll war auch ein Buch über den Buddhismus. Sie nahm sich mehrere zur Auswahl unter den Arm und ging in eine gemütliche Sitzecke, bestellte sich einen Milchkaffee und stöberte in den Büchern.
Den Geschmack von Frau Mathies kannte sie, hier wählte sie ein Buch mit vielen neuen Strickmustern, dazu wollte sie vier Stricknadeln besorgen. Aber für die nette Frau (Ulrike) fiel ihr nichts ein. Sie war recht natürlich gekleidet, ob ihr wohl ein Schal gefiele?, überlegte sie. Hier in der Buchabteilung wollte sie nichts für eine fremde Frau kaufen. Um sich selber eine Freude zu machen, wählte sie das Buch von William Paul Joung „Die Hütte". In der Inhaltsangabe wurde kurz beschrieben, dass ein Mann

nach einem schweren Schicksalsschlag eine Verabredung mit Gott hatte, das klang doch interessant. Nun brauchte sie noch Geschenkpapier. In der Abteilung entdeckte sie auch günstigen Weihnachtsschmuck, Nostalgiekugeln in Rot mit grünen und blauen Motiven. So, nun reichte es auch, sie hatte bereits 200 € ausgegeben. Auf dem Rückweg blieb sie vor einem kleinen Laden stehen, der hübsche Schals im Schaufenster dekoriert hatte. Ihr fiel sofort einer ins Auge. Der Preis stimmte auch und so kaufte sie ihn für die nette Frau.

Nun war es erst 13.30 Uhr, sie hatte noch Zeit, aber auch Bedenken, dass sie das ganze Geld ausgeben könnte. Für sich hatte sie nur das Buch, sie wollte noch nach einer neuen Jeans Ausschau halten und einem Pulli. Auch hier wurde sie schnell fündig. Für Luisa kaufte sie eine lange Strickjacke, wie sie zurzeit modern waren. Luisa hatte oft davon gesprochen. Dann trat sie die Heimreise an. Mit strahlendem Gesicht fuhr sie heim. Sie merkte nicht, wie die Menschen um sie herum sie anschauten.

Glücklich betrat sie ihre Wohnung. Auf dem Küchentisch lag ein Zettel: „Hallo, liebe Jo, bin mit den Kindern auf dem Spielplatz, bis später, Deine Luisa."

Jo nutzte diese Zeit, verpackte die Jacke für Luisa und schrieb einen Brief dazu.

*Liebe Luisa,
ich danke Dir von ganzem Herzen für Deine ständige Hilfe. Vor allem aber freue ich mich immer wieder über Deine unkomplizierte Art und wie liebevoll Du mit den Kindern umgehst.
Du bist eine Bereicherung für uns. Schön, dass es Dich gibt.*

*Wir haben Dich alle vier sehr lieb und wünschen Dir und Deiner Familie ein schönes Weihnachtsfest.*

*Herzlich grüßt Dich
Deine Johanna und Deine Zwerge
Lisa, Mimi und Penny*

## Kapitel 14

Jemand klopfte an meiner Tür. Anna rief: „Aufstehen, Ulrike, Frühstück ist fertig und wir wollen auf die Piste!" Dann hörte ich sie schon die Treppe herunterstampfen. Ich lag noch immer in Andreas' Arm, der nun auch die Augen öffnete und mich mit einem Kuss auf die Stirn und einem „Guten Morgen, meine Süße!" begrüßte.
„Ich mag nicht aufstehen, schon gar nicht mag ich mich jetzt beeilen", stöhnte ich.
Andreas sprang aus dem Bett und sagte: „Bleib liegen, bin gleich wieder da."
Er schlüpfte in seine Jeans und den Pulli und ging die Treppe runter. Ich hörte nicht, was er sagte, aber an Saschas „AAAha!" konnte ich es mir vorstellen.
Andreas war schnell zurück. „Was hast du ihnen erzählt?", fragte ich neugierig.

„Hm, ich habe ihnen gesagt, dass wir nachkommen, da wir die ganze Nacht gequatscht haben und noch nicht fit sind", sagte er.

„Und sie haben es dir abgenommen?", hakte ich nach.

„Nein", grinste Andreas, mittlerweile wieder entkleidet neben mir liegend.

Wir sind sofort wieder eingeschlafen. Durch das Zuklappen der Hüttentür wurden wir wieder aus dem Schlaf gerissen. „Sie sind weg!", sagte Andreas freudig. „Hast du Lust auf ein gemeinsames Bad?", fragte er.

„Oh ja!", rief ich, „das ist eine tolle Idee."

Er sprang auf, lief ins Bad und traf die Vorbereitungen. Ich suchte inzwischen das Gäste-WC auf, ging in die Küche und machte uns ein Frühstück. Mit dem Tablett kam ich zurück ins Bad.

Andreas hatte das Licht gedämpft und überall Teelichter aufgebaut. Wir stiegen in die Wanne, frühstückten und unterhielten uns, nicht belanglos. Das Gespräch war offen, er sprach über seine Gefühle zu mir und auch ich konnte ganz frei sprechen und meine Gefühle äußern wie schon lange nicht mehr. Andreas meinte, er hätte heute keine Lust Ski zu laufen, aber er hätte große Lust auf einen Bummel mit mir durch das kleine Dorf unten im Tal. Dann kam uns die Idee, dass wir doch einen Tannenbaum besorgen könnten und diesen dann gemeinsam morgen oder am Heiligen Abend schmücken, damit auch keiner etwas an diesem wichtigen Tag vermisste. Nachdem wir uns einig waren, hielt uns nichts mehr in der Wanne. Schnell zogen wir uns an und machten uns auf den Weg. Wir brauchten einen Baum, einen Ständer für den Baum und ein wenig Weihnachtsschmuck.

# Kapitel 15

„Schatz, kommst du frühstücken?", rief Jessica.
„Ja, ich komme gleich", hustete Jean zurück.
Als die beiden am Frühstückstisch saßen, schaute Jessica ihren Mann nachdenklich an. „Jean", sagte sie vorsichtig, „du siehst nicht gut aus, willst du nicht doch besser einmal zum Arzt gehen? Nachher geht es dir Weihnachten schlechter, dann hat Dr. Monet die Praxis geschlossen und ich weiß doch, dass du zu keinem anderen Arzt gehen würdest. Ich mache mir Sorgen."
„Ich brauche keinen Arzt", brummte er, „ich kaufe gleich den Baum und dann schmücke ich ihn auch heute Abend schon. In diesem Jahr möchte ich ein paar Tage länger den Glanz des Baumes sehen." Er stand auf und legte eine CD mit Weihnachtsmusik ein. Er ist so emsig, dachte Jessica und sie sah ihm an, dass er sich nicht gut fühlte. Warum ging er nicht zum Arzt? Er war doch sonst so sorgsam in allen Dingen und ganz besonders, wenn es um seine Gesundheit ging. Und warum wollte er alles heute schon erledigen? Vielleicht fehlte ihm die Anwesenheit von Ulrike, ihr fehlte sie auf jeden Fall sehr. Es machte mehr Spaß, wenn sie mit Ulrike zusammen Plätzchen backte und das Essen für den Heiligen Abend vorbereitete. Es war einfach mehr Leben im Haus, wenn sie da war. Jean war auch normalerweise nie brummig, doch in den letzten Tagen wurde er immer stiller, und wenn sie ihn etwas fragte, brummte er seine Antworten nur. Sie wusste auch, dass es nichts mit ihr zu tun hatte. Irgendetwas beschäftigte ihn so sehr, dass er sich nicht mit all dem Rundherum oder mit ihr beschäftigen konnte. Sie kannte ihn gut, aber es tat ihr auch weh, sie liebte ihn sehr und

wollte nur teilhaben an seinen Gedanken. Nun ja, sie würde sich einfach mit den Vorbereitungen ablenken. Wenn der Baum erst stand, dann würde er schon zufriedener sein.

Gleich nach dem Frühstück fuhr Jean los. Jessica begann den Teig für die Plätzchen zu kneten. Und so war sie beschäftigt, bis Jean mit dem Baum zurückkam. Zwischendurch klingelte ein paar Mal das Telefon, Freundinnen von Jessica und eine Nachbarin, der das Mehl ausgegangen war. Sie kam kurze Zeit später und saß eine Weile bei Jessica in der Küche. Sie tranken Liqueur und sprachen über alte Zeiten und Jessica erzählte, dass Ulrike in der Schweiz sei, mit Freunden.
Als Jean mit dem Baum durch die Hintertür kam, zog Jessica gerade das letzte Blech aus dem Backofen. Der Duft hatte sich im ganzen Haus ausgebreitet. Jean rief: „Was duftet's nach Äpfeln, Nüssen und Zimt und so weihnachtlich lecker?" Da war der alte Jean wieder. Er strahlte Jessica an: „Schau mal, mein Liebling, ist das ein schöner Baum? Ich finde, es ist der schönste, den wir bis jetzt hatten!"
Das sagte er jedes Jahr. Jessica sah sein Lächeln, wie damals, als sie ihn kennenlernte. Es war noch das gleiche Lächeln, der gleiche Blick, mit dem er sie liebevoll ansah. Ihre Augen füllten sich mit Tränen vor Glück.
Jessica half ihm den Baum gerade in den Fuß zu stellen. Es dauerte eine Zeit, bis er so stand, wie Jean es für perfekt befand.
Dann holte er vom Dachboden die Kiste mit dem Weihnachtsschmuck, reinigte den Fußboden und machte Feuer im Kamin. Danach drehte er die Musik lauter und sin-

gend schmückte er den Baum. Jessica bereitete das Abendbrot vor und reinigte die Küche. Sie deckte den Tisch so, dass sie beide einen Blick auf den Baum werfen konnten.
Sie zündete Kerzen an. Als sie dann gemeinsam gegessen hatten, öffnete Jean eine Flasche Rotwein, zog Jessica auf die Couch und sprach mit ihr, so dass Jessica traurig wurde.
Er sprach über die alten Zeiten und dass alles einmal zu Ende gehen muss, dass er das Gefühl hatte, dass seine Zeit gekommen war, und er nicht sagen könnte, woran er es merkt, doch dass er nun heute Abend und in den verbleibenden Tagen von Jessica Abschied nehmen möchte. Jessica hielt sich die Ohren zu und sagte: „Jean, hör auf, ich mag nicht daran denken, dass du nicht mehr an meiner Seite bist." Er fasste ihre Handgelenke und befreite so die Hände von ihren Ohren: „Jessica, nach all der langen Zeit liebe ich dich noch genau wie am ersten Tag. Du bist mein Ein und Alles, mein Leben, und genau aus diesem Grund möchte ich mit dir sprechen. Bin ich erst gegangen, dann wirst du dir wünschen, du hättest dieses Gespräch mit mir geführt, also bitte tu mir den Gefallen und höre mir zu.
Ich habe auch noch so viel mit dir zu klären und es wird schwer genug sein, mit der Trauer und so allein. Auch mich stimmt der Gedanke traurig, dich so allein zurückzulassen."
Jessica weinte und schüttelte den Kopf. Er nahm sie tröstend in den Arm und küsste ihre Stirn. Nach einer Weile holte Jessica tief Luft und fragte: „Wie kannst du es merken? Du hast nur eine Erkältung, sollten wir nicht doch besser den Arzt anrufen, damit er dich untersucht?"

„Jessica, Liebes, es ist nicht die Erkältung, ich spüre es und daran kann auch kein Arzt etwas ändern", sagte Jean traurig.
„Ich kenne dich und weiß von all deinen Fähigkeiten, deiner Sensibilität und darum glaube ich dir. Wenn es dann nicht so kommt, haben wir wenigstens darüber gesprochen."
Jean holte eine Kladde, in die er schon viele Notizen gemacht hatte, die er nun Jessica zeigte. Seine Versicherungen mussten gekündigt werden. Eine Lebensversicherung wurde dann fällig. Er hatte Wertpapiere, von denen Jessica nichts wusste. Sie staunte, als Jean ihr den jetzigen Wert mitteilte. Auch hatte Jean vor langer Zeit einen Sparvertrag für Ulrike abgeschlossen, den Jessica ihr geben sollte, zudem hatte er eine beträchtliche Summe aus den Wertpapieren für Ulrike vorgesehen. Mit dieser Summe war Jessica einverstanden. Sie sprachen über Ulrike und Jean wollte, dass Jessica ihr von dem Gespräch erzählen sollte.
Die beiden sprachen bis tief in die Nacht. Jessica machte in dieser Nacht kein Auge zu. Sie beobachtete Jean die ganze Zeit, er war trotz seines Alters ein schöner Mann. Er wirkte stolz und weich zugleich. Sie würde ihn so sehr vermissen, ihr Herz zog sich zusammen bei dem Gedanken. Woher nahm er nur die Kraft, so mit ihr zu sprechen? Er hatte gesagt, er hätte keine Angst vor dem Tod, nur Angst um die, die er zurücklässt, und da er mit ihr darüber gesprochen hatte, war seine Angst deutlich vermindert. Jessica spürte die tiefe Liebe zu Jean, strich ihm über den Kopf und sagte leise: „Mein geliebter Mann, nun hast du so viel Mut aufgebracht mit mir darüber zu

sprechen, ich verspreche dir, ich werde dir helfen, den Weg von hier nach drüben zu gehen."

**Kapitel 16**

Ich schlenderte mit Andreas glücklich Arm in Arm durch die kleinen Gassen. Meine Gedanken kreisten um die vergangene Nacht mit ihm und ich spürte mein Lächeln im Gesicht. Die Menschen, die uns entgegenkamen, dachten wohl, ich lächle sie an, denn sie lächelten freundlich zurück.
Gedanklich ging ich meine Geschenke durch. Für Anna hatte ich ein Album von Genesis, für Sascha die Ergänzung zum Gesellschaftsspiel „Die Siedler von Catan". Das hatte er sich gewünscht. Und für Andreas hatte ich eine Karte für „The Lord of Dance", wir hatten uns so oft darüber unterhalten und er erwähnte jedes Mal, dass er die Show so gern einmal live sehen wollte. Da es auch mein Wunsch war, hatte ich mir gleich eine mitgeschenkt. Als ich die Karten kaufte, hatte ich im Traum nicht daran gedacht, dass wir ein Paar werden würden.
Wir besorgten Baumkugeln und Strohsterne, dann suchten wir einen Baum aus. Er war ungefähr 1,10 Meter hoch und schön dicht. Wir ließen ihn einschweißen, bestellten uns ein Taxi und fuhren zurück zur Hütte.
Andreas machte Feuer im Kamin, baute den Baum auf und zog sich auf sein Zimmer zurück.
Ich hatte Hunger und schaute unsere Vorräte durch. Ich fand viele gute Zutaten für eine Pizza.

Das Schmücken des Baumes verschoben wir auf den Heiligen Abend. Solange die Pizza im Bachofen war, machten Andreas und ich es uns vor dem Kamin bequem.
Anna und Sascha kamen gerade zur Tür herein, als ich die Pizza aus dem Ofen zog.
„Wo seid ihr denn heute gewesen, hattet ihr keine Lust auf Skifahren?", fragte Sascha traurig, „Wir haben euch vermisst!" „Wir euch nicht", antwortete Andreas beiläufig. „Meckere nicht und lasst uns essen, ich habe Hunger."
Anna schlug die Hände zusammen. „Schau mal, Sascha, wir haben einen Tannenbaum. Der ist ja hübsch!" „Au ja, fein, übermorgen ist es schon so weit, ich freue mich, ich freue mich!" Dabei hüpfte Sascha wie ein Indianer um den Baum herum. Wir aßen gemeinsam und es wurde wieder sehr spät. Wir haben irgendwie versucht die gemeinsamen Ereignisse des letzten Jahres in unsere Erinnerung zu rufen, doch wir stellten fest, dass es einige Lücken gab.
Auch in dieser Nacht teilten Andreas und ich wieder das Bett. Am nächsten Morgen machten wir uns zeitig zu viert auf den Weg. Wir hatten viel Spaß auf der Piste.

Am Morgen des Heiligen Abends war ich nervös und so erfüllt von Vorfreude, ich konnte nicht lange schlafen. Schon um sechs Uhr ging ich leise in die Küche, kochte eine Kanne Kaffee, machte Feuer im Kamin, rückte mir einen Stuhl vor das große Fenster und blickte gedankenversunken in die Dunkelheit. Annas „Guten Morgen, Püppi" holte mich aus meinen Gedanken. Anna goss sich einen Kaffee ein und stand im Bademantel neben mir. „Kannst du auch nicht mehr schlafen?" „Nein", erwiderte ich, „ich bin irgendwie aufgeregt, wie ein kleines Kind." „Ich auch", gab Anna zu, rückte sich einen Stuhl zurecht, setzte sich neben mich und wir erzählten und lachten, bis Anna sagte: „Ulrike, ich habe keine Lust mehr zurück in die Redaktion. Ich habe mir Gedanken gemacht, wir müssen etwas ändern. Mensch, wir haben doch genug Erfahrung, um selber etwas auf die Beine zu stellen. Mir fehlt nur die richtige Idee, ich wünsche mir zu Weihnachten eine Lösung." „Anna, wir brauchen nicht eine Lösung, wir brauchen die Lösung", sagte ich scharf.

Anna besorgte einen Schreibblock. „Also los!", sagte sie, „machen wir ein bisschen Brainstorming."

Ich füllte unsere Becher erneut mit Kaffee, wir setzten uns an den Küchentisch und begannen unsere Ideen aufzuschreiben.

Für ein neues Magazin brauchten wir zunächst einen Titel. Für diesen benötigten wir eine Idee, welche Zielgruppe wir erreichen wollten.

Einig waren wir uns in einem Punkt. Wir wollten etwas Gutes tun, viele Leser erreichen und von schönen Ereignissen berichten.

Wir brauchten Geld für den Start. Unter einer Auflage von 45.000 bis 100.000 brauchten wir nicht anfangen. Das allein ergab schon eine Summe von 28.000 € bis 35.000 €. Alle zwei Monate sollte das neue Magazin schon erscheinen. Zudem wäre es von Vorteil, wenn wir sofort Abonnenten für das Magazin gewinnen könnten.

Wir errechneten eine grobe Summe, die wir von unseren Ersparnissen nicht im Geringsten erreichten. Da wir die alleinigen Rechte an dem Magazin haben wollten, zerschlugen wir den Gedanken, einen Sponsor zu suchen, gleich wieder.

Wir beschlossen einen Businessplan zu erstellen und diesen dann bei unserer Bank einzureichen.

Alle Stichpunkte hielten wir fest. Feierlich stellten wir uns vor das große Fenster und schickten unseren Wunsch laut gesprochen auf die Reise zum Christkind, dabei hielten wir uns an den Händen. Wir drückten uns und Anna sagte: „Wir bekommen unsere Idee und wir machen auch etwas daraus, du wirst sehen."

„Ich glaube auch fest daran, Anna", sagte ich feierlich.

Während wir das Frühstück vorbereiteten, planten wir den Ablauf des Heiligen Abends.

Unten im Dorf war um 17.00 Uhr eine Messe, die wollte ich gerne besuchen. Anna äußerte den Wunsch, mich dorthin zu begleiten.

Nach dem Frühstück wollten Sascha und Andreas noch einmal Skilaufen. Anna und ich bereiteten das Essen für den Abend und schmückten den Baum.

Gegen Mittag rief ich bei meiner Tante an, um ihr ein schönes Fest zu wünschen. Sie wirkte bedrückt, doch mein Nachhaken brachte nichts aus ihr heraus. Ich war vielleicht viel zu glücklich über den Moment, in dem ich war, dass ich nicht richtig wahrnehmen konnte, dass es ihr schlecht ging. Ich ignorierte es. Auf meine Frage, wie es Onkel Jean ging und ob ich ihn kurz sprechen könnte, sagte sie, er sei immer noch so erkältet und hätte sich ein wenig hingelegt.

Ich schickte ihr tausend Küsschen durch das Telefon. Sie sagte mit zaghafter Stimme: „Wir lieben dich, Ulrike."

„Ich euch auch", meinte ich, dann war die Verbindung unterbrochen.

Unbekümmert wandte ich mich wieder unseren Vorbereitungen zu. Verbunden mit einer kleinen Modeschau, legten Anna und ich die Kleidung für den Abend fest.
Gegen 16.00 Uhr begannen wir mit unserem Styling. Von einem Taxi ließen wir uns zur Kirche fahren. Die Jungs waren noch nicht wieder zurück. Wir machten uns keine Gedanken, es war alles vorbereitet, die Ente garte im Backofen.

Wir konnten noch so gerade einen Platz ergattern. Die Kirche war bis zum Rand gefüllt.
In der Andacht bat uns der Pastor, dass jeder einmal innehalten sollte, aufschauen, was er tat und ob er irgendetwas bewegte. Ein Vater, eine Mutter, ob sie genügend Zeit miteinander und mit den Kindern verbrachten, ob es gemeinsame Mahlzeiten gab. Und auch wenn man keinen Beruf hatte, in dem man etwas bewegen konnte, wie war der Umgang mit Kollegen, wie war der Chef zu seinen Angestellten? Könnten wir etwas Ehrenamtliches tun, was einen Menschen oder einer Gruppe helfen würde? Ein Appell ging an die Gemeinschaft mit den Worten: „Wo zwei oder drei in meinem Namen versammelt sind, da bin ich mitten unter ihnen."
Zum Abschied wurde dann auch dieses Lied gesungen. Es ging richtig unter die Haut. Die Menschen sangen voller Gefühl und mit kraftvoller Stimme, so als würde jeder Einzelne von ihnen ab heute etwas in seinem Leben ändern wollen, ja sogar müssen.
Richtig feierlich angehaucht fuhren Anna und ich zur Hütte zurück.
Hier warteten schon unsere Mitbewohner, gestriegelt saßen sie mit einem Glühwein am Kamin.

Sie hoben die Becher mit einem stimmungsvollen: „Frohe Weihnachten, ihr zwei!"

„Frohe Weihnachten, Jungs." Wir setzten uns zu ihnen.

Sascha schlug vor, erst in aller Ruhe das Festessen einzunehmen und danach gemütlich vor dem Feuer zur Bescherung überzugehen.

Sascha kümmerte sich um die Ente. Anna deckte den Tisch festlich ein. Andreas und ich drapierten die Geschenke unter dem Baum. Zu der Ente aßen wir Rotkohl, Klöße und Kartoffeln. Dazu tranken wir Rotwein. Sascha und Andreas erzählten lebhaft von ihrem Pistentag und den vielen Stürzen, die sie gesehen hatten.

Nach dem Essen platzierten wir uns auf dem Sofa. Jeder nahm sich ein Geschenk, welches mit seinem Namen versehen war.

Sascha packte zuerst die Ergänzung zum Spiel „Siedler" aus. Er sprang auf und holte das Original. Wir bauten das Spiel auf und begannen zu spielen, nebenbei öffneten wir die letzten Geschenke. Bis in die Nacht hinein spielten wir. Ich hatte nichts vermisst an diesem Heiligen Abend. Als ich mir dessen bewusst wurde, bekam ich ein schlechtes Gewissen, dass ich meine Tante und meinen Onkel so gar nicht vermisste. Selbst jetzt als ich mir die beiden vorstellte und auch die letzten Weihnachten, konnte ich nicht sagen, dass ich sie vermisste. Ich hoffte nur, dass es ihnen gut ging.

Ein Blick in Andreas' Augen holte mich aus meinen Gedanken und da waren meine Tante und mein Onkel wieder aus meinem Sinn.

Den ersten Weihnachtstag verbrachten wir bis zum Nachmittag im Pyjama und mit einer Runde Siedler und anschließend jeder, wie er mochte, in eine Decke eingerollt, lesend oder schlafend auf der Couch. Am späteren Abend sind wir runter in den Ort gelaufen und haben eine stimmungsvolle Party miterlebt. Anna und Sascha haben hemmungslos getanzt und uns hat es Freude gemacht den beiden dabei zuzusehen. Wir hatten schnell Kontakt zu den jungen Leuten an unserem Tisch.

Da wir an diesem Abend sehr viel getrunken haben und erst in den Morgenstunden wieder in der Hütte einkehrten, verbrachten wir auch den zweiten Weihnachtstag fast ausschließlich im Bett.

Als ich unter der Dusche stand, meinte ich das Klingeln meines Handys zu hören, drehte das Wasser ab und lauschte. Augenblicklich durchfuhr mich ein Schauer, ich schüttelte mich, und da auch mein Handy nicht klingelte, beschloss ich mit dem Duschen fortzufahren. Doch was war das für ein Gefühl vorhin, etwas wie eine Ahnung, was war passiert und wem sollte etwas passiert sein? Oh Ulrike, hör auf zu denken!, befahl ich mir.

Nach der Dusche schlüpfte ich in meinen Bademantel und huschte über den Flur. Es war noch ganz ruhig in den Zimmern der anderen. Andreas hatte diese Nacht in seinem Bett verbracht, er befürchtete zu sehr schnarchen zu müssen nach all dem Alkohol.

Wieder in meinem Zimmer, schaute ich sofort auf mein Handy, kein Hinweis über einen entgangenen Anruf. Doch genau in diesem Moment klingelte mein Handy. „Jessica" leuchtete der Name meiner Tante auf.

Meine Hände waren augenblicklich schwer wie Blei, meine Beine waren wacklig, Gänsehaut überlief meinen ganzen Körper und ich war nicht in der Lage das Gespräch anzunehmen.

Als der Ton meines Handys verstummte, kam ich langsam zu mir. Ich lief im Zimmer auf und ab, riss mir das Handtuch vom Kopf und versuchte einen klaren Gedanken zu fassen. Ich schlüpfte in meine Jeans und einen warmen Pullover, rubbelte mir die Haare, in der anderen Hand mein Handy. Ich starrte es an, als wollte ich sagen: „Komm, klingel noch einmal!" Gleichzeitig wusste ich, dass ich wieder nicht in der Lage gewesen wäre den Hörer abzuheben.

Ich ging über den Flur und blieb vor Andreas' Zimmertür stehen, lauschte einen Moment, doch ich vernahm kein Geräusch. Ich lief nervös auf und ab und überlegte, ob ich einfach hineingehen sollte. Da kam Anna aus ihrem Zimmer, sie rieb sich die Augen und sah an meiner Körperhaltung, dass mich etwas sehr beunruhigte. Sie rief: „Ulrike, was ist denn mit dir, ist etwas passiert, habt ihr euch gestritten? Du bist ja total neben der Spur."

Ich ging auf Anna zu und hielt ihr mit zittrigen Händen mein Handy entgegen. Sie schaute mich fragend an. Ich konnte nicht sprechen, meine Stimme versagte. Wieder rief sie, jetzt etwas lauter: „Ulrike, was in Gottes Namen ist geschehen? Nun rede schon."

In diesem Moment öffnete Andreas seine Tür, und als er mich so da stehen sah mit dem Handy in der ausgestreckten Hand, nahm er mich von hinten in den Arm und fragte: „Hast du schlechte Nachrichten erhalten, ist etwas mit deiner Tante?" Jetzt spürte er, dass ich am ganzen Körper zitterte. Die beiden zogen mich mit nach unten und legten mich auf die Couch. Andreas legte mir eine Decke über und setzte sich auf die Kante zu mir, Anna stand hilflos hinter Andreas. Auch Sascha kam nun dazu und fragte geschockt, was denn geschehen sei. Andreas

und Anna zuckten die Schultern und Anna legte ihren Finger auf ihre Lippen. Es war so still, man hätte eine Stecknadel fallen hören können.
Ich fühlte mich blöd, da ich doch noch nicht einmal eine Erklärung für mein Verhalten hatte. Ihnen nun zu erklären, dass ich nur so ein Gefühl hatte und das Gespräch nicht entgegennehmen konnte, würden sie nicht verstehen, ja eventuell sogar belächeln, auch war ich viel zu steif, um es ihnen zu erklären. In meinem Kopf drehte sich alles und ich wollte nicht mehr zu mir kommen und so sank ich in eine Ohnmacht.

Andreas rief: „Los, lasst uns einen Arzt anrufen, sie ist ohnmächtig!" Sascha holte ein nasses Tuch, Anna nahm mir das Handy aus der Hand, welches ich trotz der Ohnmacht noch festhielt. Sie schaute im Menü nach, welches der letzte Anruf war, und sagte zu Andreas: „Hier, Andreas, schau mal, Jessica hat zuletzt angerufen, aber sie kann von ihr keine Infos bekommen haben, der Anruf wurde nicht entgegengenommen. Zeitlich könnte das allerdings mit Ulrikes Zusammenbruch passen."
Andreas murmelte vor sich hin: „Jetzt verstehe ich!"
„Was verstehst du?", fragte Anna ungeduldig."
„Anna, ich weiß nicht, ob du mir jetzt folgen kannst, aber ich versuche dir einmal meine Theorie näherzubringen. Ulrike hatte nun mehrmals den gleichen Albtraum, dieser endete mit dem Tod ihres Onkels. Nun hat sie sich bestimmt so sehr da hineingesteigert, dass unbewusst all die Erinnerungen daran mit dem Anruf ihrer Tante wieder hochkamen und sie vor Angst, eine solche Nachricht zu erhalten, das Gespräch nicht annehmen konnte."

„Eine logische Theorie", sagte Sascha. Anna stand da mit geöffnetem Mund: „Und was machen wir jetzt?"
„Wie gut kennst du die Tante von Ulrike und auch Ulrike? Kannst du zurückrufen und nach dem Grund des Anrufes fragen und Ulrike entschuldigen?", fragte Andreas und schaute Anna dabei sehr besorgt an.
Anna wehrte ab: „Das kann ich nicht bringen. Ich kenne Jessica schon viele Jahre. Wenn nun wirklich etwas passiert ist, dann wird Ulrike es uns niemals verzeihen, dass ich ihre Tante zurückgerufen habe. So gut kenne ich Ulrike. Auch dass sie manchmal Vorahnungen hatte, mit denen sie nicht so falsch lag, beunruhigt mich gerade etwas."
Sascha lenkte ruhig ein: „Ich finde, wir sollten Ulrike wecken, ihr deine Theorie erzählen und sie bitten ihre Tante zurückzurufen, wir sind ja schließlich für den Fall der Fälle bei ihr."

## Kapitel 17

Anna schubste Andreas sanft von der Kante und nahm neben mir Platz. Zuerst tätschelte sie meine Wangen liebevoll, dann etwas kräftiger, Sascha feuchtete das Tuch erneut an. Andreas hielt meine Hand. Langsam kam ich wieder zu mir, Andreas half mir mich aufzurichten. Alle drei nahmen neben mir auf der Couch Platz.
Nachdem dann Andreas mir seine Theorie mitteilte, sagte ich: „Ja, so war es."
Nun ermutigten sie mich, meine Tante zurückzurufen.

Anna rutschte ganz dicht an mich heran. Andreas hielt weiter meine Hand, mit der anderen wählte ich die Nummer von Jessica. Gefasst wartete ich ab, bis sich Tante Jessica meldete: „Ulrike, Liebes, ich habe schon versucht dich zu erreichen." Ich atmete etwas erleichtert, als ich feststellte, dass die Stimme meiner Tante wie immer klang. Als sie nach einer langen Pause jedoch langsam und schwerer weitersprach, gefror mir das Blut in den Adern. „Bitte, Ulrike, verzeih, wenn ich dir nun eine traurige Nachricht übermitteln muss, es fällt mir nicht leicht, es dir am Telefon zu sagen. Sitzt du und sind deine Freunde bei dir?"

„Ja", hauchte ich und in diesem Moment wusste ich genau, was meine Tante mir sagen wollte. Doch ich hörte nur zu, was Jessica zu berichten hatte.

„Liebes, dein Onkel Jean ist in der letzten Nacht gestorben." „Was ist geschehen und wie ist er gestorben, warum wirkst du so gefasst?", drängelte ich.

„Er ist eingeschlafen und nicht wieder aufgewacht, deine anderen Fragen möchte ich dir gerne beantworten, wenn wir uns sehen."

Ich versuchte meine Tante zu trösten: „Meine liebe Tante, dazu wirst du bald die Möglichkeit haben. Wann ist die Beerdigung?"

„Schon am 30. Dezember, die Vorbereitungen sind bereits alle getroffen", sagte Jessica, die nun doch weinte, und beendete das Telefonat mit den Worten: „Wir sehen uns dann, meine Liebe."

Ich konnte nichts mehr erwidern, Jessica hatte das Gespräch beendet. Meine Hand samt Handy sackte in meinen Schoß. Ich starrte ins Leere und sagte: „Mein Onkel ist gestorben, ich muss sofort zu meiner Tante." Mit trä-

nengefüllten Augen blickte ich in die Runde und sagte verträumt: „Am besten sofort!"
Sascha bediente seinen Laptop und suchte die schnellste Verbindung von Zürich nach Toulouse heraus. Andreas fragte mich, ob er mich nach Toulouse begleiten sollte. Das hielt ich für keine gute Idee, da meine Tante ihn noch nicht kannte und sie ihn nicht unter diesen Umständen kennenlernen sollte. Ich fragte Anna, ob sie nicht mitreisen könnte. Anna war Jessica vertrauter und auch ich brauchte jetzt eine Freundin. Anna stimmte sofort zu.
Sascha sagte mit dem Blick auf seinen PC: „In eineinhalb Stunden müsstet ihr dann am Flughafen in Zürich sein, um rechtzeitig einzuchecken. Für die Fahrt dorthin benötigen wir bestimmt eine Dreiviertelstunde, also schlage ich vor, ihr beeilt euch und packt eure Sachen, dann bist du heute Abend schon bei deiner Tante."
Abwesend sprach ich Sascha meinen Dank aus. Andreas sah, dass ich unfähig war, in diesem Gemütszustand meine Sachen zu packen. Er begleitete mich nach oben und half mir die Sachen zu packen. Nach einer halben Stunde standen Anna und ich abfahrbereit.
Hastig verließen wir vier die Hütte und fuhren zum Flughafen nach Zürich. Rechtzeitig zum Einchecken erreichten wir das Ziel. Es blieb keine Gelegenheit zu einem großen Abschied, alles musste nun sehr schnell gehen. Als Anna und ich hinter der Absperrung verschwanden, blickte ich noch einmal traurig hoch. Andreas dachte: Wie gern hätte ich ihr noch tröstende Worte mit auf den Weg gegeben und ihr gesagt, wie sehr ich sie liebe. Doch als unsere Blicke sich nun trafen, war alles gesagt. Und wir beide wussten, wir gehörten zusammen, egal, wie weit wir

voneinander getrennt waren. Er schickte mir einen Luftkuss und dann verschwanden wir im Terminal.

Auf dem Heimweg beschlossen Andreas und Sascha, auch noch am Abend abzureisen. Sascha informierte schon während der Fahrt das Ehepaar, welches die Hütte betreute, und bat sie in der Woche den Tannenbaum zu entsorgen und auch sonst nachzusehen, ob alles in Ordnung war, da er Bedenken hatte, in der Aufregung etwas vergessen zu haben.
Somit konnten sie in aller Ruhe ihre Sachen packen und sich auf den Heimweg machen. Sie fuhren die ganze Nacht durch. Am Morgen machten sie eine längere Pause und trafen am frühen Nachmittag in Frankfurt ein. Den Rest des Tages blieb jeder für sich in der Hoffnung, eine Nachricht von Anna oder mir zu bekommen. Doch an diesem Tag kam keine Nachricht mehr.

**Kapitel 18**

Während des ganzen Fluges blickte ich stumm vor mich hin. Anna machte keinen Versuch mich anzusprechen und so hing auch sie ihren Gedanken nach. Unterschiedliche Bilder und Erinnerungen stiegen in ihr auf. Bilder von den Besuchen in Carbonne bei Onkel Jean und Tante Jessica. Meist war Anna im Sommer dort. Bilder von schönen blühenden Blumen tauchten auf, den Geruch von Kuchen konnte sie wahrnehmen, auch an das freundliche Gesicht des Onkels konnte sie sich wieder erinnern. Die vielen ernsthaften Gespräche mit der Tante hatten ihr besonders gut gefallen. Gelacht wurde in dem Haus sehr viel. Manchmal beneidete sie mich um die beiden. Annas Beziehungen zu ihrer Verwandtschaft waren sehr oberflächlich und so genoss sie die Zeit zusammen mit mir bei meiner Tante. Anna dachte: Wie es wohl jetzt sein wird, wenn ich einfach mitkomme, wird es Jessica vielleicht unangenehm sein, werde ich die Trauer stören? Viele Fragen und Bedenken kamen in ihr hoch. Letztendlich tröstete sie sich damit, dass auch ich jemanden an meiner Seite brauchte und Jessica bestimmt nicht zugelassen hätte, dass ich unter diesen Umständen allein geflogen wäre.

Dann kamen ihr die Bilder aus den letzten Tagen wieder in den Sinn, wie sie und ich in der Kirche waren, die Worte des Pastors, das Lied, wenn zwei oder … Sie wollte schon beginnen das Lied zu summen, überlegte aber, besser zu schweigen. Sie sah Andreas und mich Arm in Arm, den Abend, an dem ich mein Wichtelgeschenk präsentiert hatte, dabei huschte ein Lächeln über Annas Gesicht. Als sie daran dachte, wie wir beide am Morgen des Heiligen Abends nicht mehr schlafen konnten und wie wir unsere Zukunft neu planten, bekam sie eine Gänsehaut.

Dann schwenkten ihre Gedanken zu ihrer Arbeit. Sie sah sich, wie sie in Business-Kleidung durch die Büros lief und hektisch Aufträge verteilte, fertige Bilder und Geschichten entgegennahm. Sie beobachtete sich in Gedanken, wie sie auf die Vorschläge für die Titelseite starrte und das erschütterndste Bild wählte. In diesem Moment fühlte sie sich so unwohl wie schon lange nicht mehr. Der Wunsch etwas zu ändern wurde immer stärker. Sie verdrängte nun ihre Gedanken und konzentrierte sich auf die

Hinweise der Stewardess. Wir setzten schon zur Landung an.

Sascha hatte an alles gedacht; auf dem Flughafen wurden wir von einer Autovermietung aufgerufen. Mit diesem Mietwagen machten wir uns auf den Weg nach Carbonne. Nach ca. fünf Minuten war ich wieder in der Welt. Auch ich hatte während des Fluges eine Rückschau auf mein Leben und die Zeiten in Carbonne gemacht. Jetzt begann ich zu sprechen und all die Erinnerungen und Gedanken sprudelten aus mir heraus. Wie in einem Schnelldurchlauf fasste ich die Ereignisse des letzten Jahres zusammen. Meine letzte Begegnung mit Onkel Jean beschrieb ich sehr lebhaft. Ich erinnerte mich an den Anruf meiner Tante vor Weihnachten und betonte immer wieder mit verzweifelter Stimme: „Sie hat nichts gesagt und ich habe nichts gemerkt, ich hätte es doch spüren müssen." Anna unterbrach mich nicht, sie hörte einfach nur zu, wie ich versuchte verzweifelt die Zeit zurückzudrehen. Anna wusste, Onkel Jean war wie ein Vater für mich gewesen und somit konnte sie meinen Schmerz und meine Verzweiflung noch besser verstehen. Auch zu meinen Selbstvorwürfen, ausgerechnet in diesem Jahr nicht bei ihnen gewesen zu sein, erwiderte Anna nichts, obwohl ihr dazu viele Antworten eingefallen wären.

Nach einer Dreiviertelstunde erreichten wir die Auffahrt zu Tante Jessicas Haus. Es war schon dunkel, aus den Fenstern schien gedämpftes Licht auf den Innenhof.

Jessica saß an dem runden Tisch in der Küche, das Klappen der Autotüren holte sie aus ihren Gedanken. Als sie den Kopf zum Fenster drehte, sah sie zwei Personen, die sich der Haustür näherten. Jessica wartete das Klingeln nicht ab, sprang auf und öffnete die Tür.

Sie traute ihren Augen nicht, niemals hätte sie geglaubt, dass ich heute noch anreiste. Frühestens am Morgen der Beerdigung hatte sie mit mir gerechnet.

Unter Tränen rief sie aus: „Ulrike! Anna! Ihr seid schon da." Sie fiel uns schluchzend um den Hals. Anna nahm mir die Tasche ab und löste sich aus der Umarmung. Behutsam schob sie Jessica und mich in den Hausflur, um die Haustür zu schließen. Nun endlich konnte auch ich weinen. Arm in Arm nahmen wir am Küchentisch Platz. Anna kochte Tee und organisierte Taschentücher.

Nach dem ersten Schluck Tee verstummte auch das Schluchzen.

Jessica versuchte die Geschehnisse der letzten Tage verständlich zu erzählen.

Anna und ich konnten nicht glauben, dass Onkel Jean von seinem Tod gewusst hatte. Ich fragte: „Warum hast du mir nichts davon erzählt, als wir telefoniert haben?"

„Du wärst umgehend angereist. Ich selber konnte und wollte es nicht glauben. Wenn es dann nicht so gekommen wäre, hättest du mich für verrückt erklärt, und außerdem war es Jeans Wunsch, dir nichts davon zu erzählen", erklärte Jessica.

Nachdem sie alles Wichtige berichtet hatte, stand sie auf und holte eine Aktentasche aus dem Wohnzimmerschrank, rückte ihren Stuhl dicht neben meinen und sagte: „Mein Liebes, was ich nun mit dir bespreche, ist der letzte Wille deines Onkels. Vorab wünscht er, dass du dieses Buch, das du ihm zu Weihnachten geschenkt hast, an dich nimmst."

Enttäuscht fragte ich: „Hat es ihm denn nicht gefallen?"

„Doch, ja, aber er braucht es nun nicht mehr. Er war felsenfest davon überzeugt, du würdest es dringender brauchen", sagte Jessica ruhig.

„Hä? Das verstehe ich nicht, was hat er nun schon wieder geahnt? Rätsel, zu viel Rätsel."

Ich stützte meine Ellenbogen auf dem Tisch und vergrub mein Gesicht in meinen Händen.

„Ich auch nicht", sagte Anna und schüttelte verständnislos den Kopf.

„Nun schau, Liebes, was er dir noch alles hinterlassen hat. Ich wusste zum Beispiel nicht, dass er Aktien besaß. Kurz vor seinem Tod hat er einige zu einem guten Kurs verkauft. Er hat für dich ein Konto angelegt und einen beachtlichen Betrag dorthin überwiesen. Als deine Mutter gestorben ist, hat er zusätzlich einen Bausparvertrag für dich abgeschlossen, diesen kannst du dir jederzeit auszahlen lassen, falls du Investitionen tätigen möchtest. Alles in allem ergibt das einen Gesamtbetrag von, jetzt halte dich fest, 250.500,00 Euro. Na, was sagst du?", strahlte Jessica jetzt. Sie freute sich für mich und hatte das Gefühl, Jean wäre im Raum und sei mächtig stolz auf sie.

Mir blieb die Luft weg, auch Anna rief aus: „Was!"

Ich lehnte mich im Stuhl zurück und wehrte mit den Händen ab: „Nein, Tantchen, das kann ich nicht annehmen, was wird dann aus dir? Du wirst das Geld dringender brauchen, oder willst du dir jetzt einen Job suchen?"

„Ulrike", sagte sie lachend, „glaubst du ernsthaft, dein Onkel Jean hat nicht dafür gesorgt, dass es mir gut geht? Ich brauche nicht arbeiten gehen, er hat alles so angelegt, dass ich einige Jahre davon leben kann, und seine Rente bekomme ich auch noch. Also mach dir um mich keine Sorgen.

Die einzige Sorge, die ich habe, ist, wie lange muss ich warten, bis ich ihn wiedersehe, oder sehe ich ihn überhaupt wieder? Und wie schaffe ich es, ohne ihn Freude am Leben zu haben? Er war alles für mich." Jetzt weinte Jessica wieder.

Ich nahm ihre Hände, schaute tief in ihre Augen und sagte liebevoll: „Er ist eh immer bei dir und er wird dafür sorgen, dass deine Freude am Leben zurückkehrt. Schon allein die Erinnerungen an ihn werden bald nicht mehr schmerzlich sein, sondern dich auch jetzt nach seinem Tod noch zufrieden stimmen. Kaum jemand hatte so eine gute Beziehung wie ihr zwei. Je mehr du erlebst, umso mehr kannst du ihm erzählen, wenn du ihn wiedersiehst."

Über Jessicas Gesicht breitete sich ein Lächeln aus. Die Vorstellung schien sie zu amüsieren.

Anna entschuldigte sich gähnend. „Es tut mir leid, wenn ich nun unterbrechen muss, aber ich bin sehr müde. Wo kann ich mein Nachtlager aufschlagen?"

„Oh Gott", sagte Jessica, „es ist schon so spät, wir sollten nun versuchen zu schlafen, ich bin auch müde. Ihr könnt beide in Ulrikes Zimmer schlafen, dort steht noch ein Gästebett."

Ich sprang auf: „Komm, Anna, ich gehe mit." Wir umarmten Jessica und wünschten ihr eine gute Nacht.

Als Anna und ich endlich im Bett lagen, war sie plötzlich wieder hellwach.

Sie bombardierte mich mit tausend Fragen. Ich antwortete nicht mehr, weil ich sofort einschlief.

Es hat einige Zeit gedauert, bis Anna merkte, dass ich schon längst im Land der Träume unterwegs war.

Anna dachte bei sich: Das ist alles komisch, die ganzen Zusammenhänge – Onkel Jean wusste, dass er gehen muss, Ulrike hat es auch gespürt, was ist das? Wie kommt so etwas? Kann man so etwas lernen, ist es erblich? Das geht ja nicht, Ulrike ist nicht blutsverwandt mit Onkel Jean. Ach, ist auch egal, das ist mir alles zu hoch. Dann schlief auch Anna ein.


**Kapitel 19**

Am nächsten Morgen war ich sehr früh wach. Ich kochte Kaffee und bereitete ein Frühstück. In der Hoffnung, Andreas sei schon wach, wählte ich seine Nummer, lehnte mich mit dem Rücken an die Anrichte, hielt in der anderen Hand meinen Kaffeebecher. Ich fühlte mich irgendwie ruhig und auch sehr wohl.
Nach langem Warten nahm Andreas endlich den Hörer ab.
Verschlafen sagte er: „Ja."
„Andreas, ich bin es, Ulrike, habe ich dich geweckt?"
„Hallo, meine Liebste, ja, aber jetzt bin ich hellwach, ist das schön, dass du dich meldest. Ich mache mir Sorgen, mein Schatz, kann ich etwas für dich tun?"
„Bestimmt, Tante Jessica ist sehr gefasst. Wir bereiten nun die Beerdigung vor, sie ist schon am 30. Danach wollen Anna und ich noch bis zum fünften Januar bleiben. Wir fliegen am sechsten morgens um 7.35 Uhr und landen um 9.35 Uhr in Frankfurt. Könntest du uns dann vom Flughafen abholen?"
„Natürlich hole ich euch ab, ich vermisse dich und wäre so gern bei dir."

„Ich vermisse dich auch so sehr. Ich habe dir so viel zu erzählen, doch ich erzähle erst, wenn wir zurück sind. Ich kann mich auch nicht täglich melden."

„Das ist schon in Ordnung. Ich freue mich schon auf deine Rückkehr."

Dann verabschiedeten wir uns. Mit einem Blick in meine Kaffeetasse sagte ich leise: „Ich liebe dich." In diesem Moment kam Jessica in die Küche und sagte grinsend: „Du sprichst mit deinem Kaffee? Nach der Beerdigung möchte ich gern mehr über deinen Andreas erfahren, versprochen?"

„Ja, gern", grinste ich beschämt. Ich wollte jetzt nicht über mein Glück sprechen, wo doch meine Tante so einen großen Kummer hatte.

Da Onkel Jean von seinem Tod wusste, hatte er auch schon die Vorbereitungen für seine Beerdigung getroffen. Der Text für die Karten war fertig, die Karten waren gewählt. Sie mussten nur noch an die Adressaten geschickt werden. Ein Platz auf dem Friedhof war bestellt und bezahlt. Sein Leichnam war in der kleinen Kapelle aufgebahrt. Tante Jessica fragte, ob wir noch einmal zu ihm wollten.

Am Abend würde eine kleine Andacht für ihn gehalten. Nachbarn und Freunde würden auch dorthin gehen und danach wollte sie Onkel Jean noch einmal sehen.

Wir wollten ihn lieber lebend in Erinnerung behalten, versprachen aber, sie zur Andacht zu begleiten.

Am Nachmittag kamen zwei Frauen aus der Nachbarschaft, die Jessica ihre Hilfe anboten.

Ich kochte ihnen Tee und ging dann mit Anna an die frische Luft.

Eingehakt schwiegen wir. Anna hatte keine Fragen mehr, alles schien, als solle es so sein.
Am Abend besuchten wir die Andacht. Viele Kollegen, Freunde und Nachbarn waren dort. Jessica weinte, aber eher, weil so viele Menschen Anteil nahmen. Es zeigte ihr wieder einmal deutlich, wie beliebt Jean gewesen war, das machte sie glücklich.

Am nächsten Tag war es sehr gemütlich bei Tante Jessica. Wir aßen die selbstgebackenen Plätzchen und planten die Tage bis zum fünften Januar. Ich blätterte in dem Buch und las daraus vor. Anna bat, dass sie am zweiten Januar gerne einmal nach Lourdes fahren wollte. Auch Jessica und ich hatte daran großes Interesse.
Tante Jessica berichtete von einigen Wunderheilungen, die dort stattgefunden haben sollten. Sie kannte zwei Kollegen von Jean, die dies am eigenen Leib erfahren hatten.
Der eine hatte ein Augenleiden, welches angeblich zur Erblindung führen würde. Die Sehkraft wurde deutlich besser und es war jetzt nach fünf Jahren nicht wieder schlechter geworden.
Einem Arbeitskollegen hatte ein Arzt gesagt, seine Frau sei unfruchtbar. Drei Wochen nach dem Besuch an diesem Ort wurde seine Frau schwanger.
Anna und ich hatten Schwierigkeiten, das alles zu glauben, aber wir waren gespannt auf den Ort.
Für einen Moment musste ich an die kleine Frau denken, mein letzter Termin vor dem Urlaub, ob sie wohl an so etwas glaubte. Den Gedanken verwarf ich allerdings wieder.
Anna meinte, es wäre wohl eher Zufall, und keiner kennt ja die genaue Zahl von denen, die dort nicht geheilt wur-

den. In dem Buch fanden wir noch mehr „Wunderstätten", wie Fatima in Portugal, Loreto in Italien, Tschenstochau in Polen, Maria Zell in Österreich und Altöttingen in Deutschland. Wir spekulierten, diskutierten und kamen zu dem Entschluss, dass alle Wunder nur ein Ergebnis des Glaubens seien.

Wir hatten geglaubt, dass Jessica an der Beerdingung gefasst teilnehmen konnte, doch als sie am Grab stand, um ihre Blumen hineinzulegen, brach sie zusammen. Noch rechtzeitig konnten wir sie stützen und damit vermeiden, dass Jessica zu Boden fiel. Es war nass, kalt und der Boden war aufgeweicht. Wir brachten Jessica heim und betteten sie auf die Wohnzimmercouch. Schluchzend schlief sie ein. Anna blieb bei Jessica. Ich fuhr zurück zur Beerdingungsgesellschaft.

Viele von den Anwesenden kannte ich, alle sprachen über die alten Zeiten, ließen Grüße an Jessica ausrichten und boten ihre Hilfe an. Zwei Stunden später war alles vorbei. Jessica schlief noch, als ich heimkam. Anna saß in einem Sessel und betrachtete Fotoalben.

Der Silvestertag verlief ruhig. Anna und ich telefonierten mit unseren Freunden, auch mit Sascha und Andreas. Die zwei wollten nicht ausgehen. Sie trafen sich bei Andreas, wollten zusammen kochen und Filme ansehen.

Am ersten Januar gingen wir morgens schon sehr früh zur Kirche. Anna meinte, sie wäre noch nie in ihrem Leben so oft in der Kirche gewesen wie in den letzten zwei Wochen.

Jessica sagte: „Jean und ich, wir waren jeden Sonntag in der Kirche."

Nach der Andacht besuchten wir das Grab. Es war wundervoll geschmückt, die vielen Kränze und Schleifen mit

liebevollen Abschiedsworten rührten Anna und mich. Ich sagte zu Anna: „So sieht ein Grab aus, wenn man viele Freunde hatte und ein guter Mensch war." Anna schluckte und erwiderte: „Gedacht habe ich gerade das Gleiche und mir vorgestellt, was wohl auf meinem Grab steht."
„Na, wenn ich noch lebe, schreibe ich etwas Schönes, und was nicht so nett ist, wird entfernt." Wir grinsten uns an und nahmen uns in den Arm.
An diesem Tag verwöhnte Jessica uns mit einem leckeren Essen. Danach machten wir einen langen Spaziergang.
Abends erzählten wir Jessica von unserem Urlaub, von der neuen Beziehung zwischen Andreas und mir, von Sascha, der Hütte, von unserer Arbeit und dass wir etwas verändern möchten. Das sah Jessica auch so; sie konnte sich nicht vorstellen, dass wir über die Schicksale anderer Menschen so berichteten, auch war sie der Meinung, dass es bestimmt bessere Themen gab, über die es sich lohnte zu berichten. Unter Umständen auch mit mehr Erfolg und einem guten Gefühl.

**Kapitel 20**

Am zweiten Januar traten wir nach einem ausgiebigen Frühstück die Reise nach Lourdes an.
Seit Silvester hatte es geschneit. Der Himmel war strahlend blau, die Sonne schien und es war kalt. Anna meinte, es sei der perfekte Tag, um einen Ausflug zu einem Wallfahrtsort zu unternehmen. Auf ihre Frage, wie lang die Fahrt dorthin dauern würde, erwiderte Jessica: „Wenn die

Straßen frei von Schnee sind, dann könnten wir es in einer halben Stunde schaffen."

Heute rechnete sie auch nicht mit einem so starken Andrang von Pilgern. Da Anna nun gar nichts von diesem Ort und seiner Geschichte wusste und ich das Gelesene schon wieder vergessen hatte, erzählte Jessica während der Fahrt: „Ich war oft mit Jean an diesem Ort, es war unglaublich, wie viel Energie dort in der Luft liegt. Ihr müsst euch vorstellen, hier kommen Menschen aus der ganzen Welt zusammen, sie sprechen nicht die gleiche Sprache und doch verständigen sie sich und sind freundlichen zueinander. Jean sprach vor Ort gerne mit den Menschen, warum sie dort waren, welche Hoffnung sie hatten, sie berichteten ihm gern von ihren Erfahrungen. Einige kamen ein zweites Mal, weil sie ihren Dank aussprechen wollten. Auf seine Frage hin, ob sie von einer Krankheit geheilt wurden, erwiderten die meisten, dass sie es nicht genau wüssten, da sie keine Untersuchungen haben machen lassen, aber es ginge ihnen besser. Einige hatten auch einfach nur den Glauben zu Gott wiedergefunden oder fühlten sich plötzlich wieder zu den Mitmenschen oder Familienmitgliedern hingezogen. Auch haben sich Situationen in schwierigen zwischenmenschlichen Beziehungen verbessert. Ein Mann hat drei Jahre nach seinem Sohn gesucht, und nachdem er diesen Ort besucht hatte, stand der Sohn nach einer Woche plötzlich vor seiner Tür. Jean hat das alles irgendwo niedergeschrieben. Wenn wir wieder zu Hause sind, werde ich das Büchlein mal suchen.

Drei Millionen Menschen pilgern jährlich an diesen Ort, darunter sind ca. 50.000 Kranke und Behinderte. Lourdes selbst hat ca. 17.500 Einwohner und ist ein zauberhafter

Ort mit einer historischen Altstadt, umgeben von einer unglaublich schönen Natur. Die Gave fließt an Lourdes vorbei und mündet im Atlantik. Im großen Schloss ist das Heimatmuseum Petit Lourdes."

„Wie wurde Lourdes zum Wallfahrtsort?", fragte Anna neugierig. Ich spürte ihre Anspannung und auch ich war nun gespannt auf die Erzählungen meiner Tante.

„1843 erlebte die vierzehnjährige Bernadette Soubirous innerhalb von vier Monaten achtzehn Visionen. In denen sprach sie mit einer ‚strahlenden Frau', die sich selbst ‚die unbefleckte Empfängnis' nannte.[1]

Diese Erscheinung führte Bernadette zu einer schlammigen Quelle, deren Wasser sie trinken und zum Waschen verwenden sollte. Zudem vermittelte sie dem Mädchen folgende Botschaft: Sie wies auf die Notwendigkeit des Gebetes, der Reue und des Glaubens hin – nur so sei es möglich eine Besserung der Menschheit herbeizuführen.

Nun sprach die ‚strahlende Frau' in diesem Zusammenhang nicht von der Heilkraft der Quelle, trotzdem meldete der Bischof von Tarbes im März 1858 bereits drei Wunderheilungen. Lourdes gehörte zu seinem Bistum. Ihr könnt euch vorstellen, dass es Menschen gab, die an der Richtigkeit zweifelten und glaubten, der Bischof würde das alles zu seinem Vorteil nutzen.

Dennoch wurde 1862 die Version der Bernadette von der Kirche als authentisch erklärt.

An der Stelle, wo sich die Grotte mit der Quelle befand, wurde eine Kapelle errichtet.

Für die ‚Heilungen' gab es seitens der Kirche nicht ausreichend Beweise, doch der Ort war bald in aller Munde

---

[1] Quelle: Wikipedia

wegen der Heilkräfte. 1866 trat Bernadette unter dem Ordensnamen Marie-Bernard in das Kloster der Soeurs de la Charité in St. Gildard in Neuverseu ein.
1925 wurde Bernadette selig gesprochen. Heute liegt ihr verwester Leichnam in St. Gildard aufgebahrt, dort kann man ihn besichtigen.
Damit die Pilgerscharen untergebracht werden konnten, wurde 1958 die unterirdische Kirche des heiligen Pius X. eingeweiht.
Sie zählt zu den größten Gotteshäusern der Welt und kann bis zu 20.000 Besucher fassen.
Seitdem wurden von dem Ort ca. 60 bis 70 Heilungen als Wunder anerkannt. Z. B. hat eine Frau ihren gelähmten Arm in dem Wasser gebadet, danach war sie geheilt.
Das Quellwasser wurde mehrfach untersucht, es wies keinerlei ungewohnte chemische Zusammensetzungen auf."
Anna fragte: „Was machen denn die Pilger mit dem Wasser?"
„Sie trinken es oder baden darin", fuhr Jessica mit ihren Erzählungen fort, „überall sind nun Installationen angebracht, die der Quelle angeschlossen sind. Ihr könnt euch das so vorstellen, lange Rohre verlaufen in einem Rondell. Alle 20 bis 30 Zentimeter ist ein Wasserhahn angebracht, hier kann man das Wasser abfüllen oder direkt trinken. Runderum gibt es Badestätten, die kostenlos genutzt werden dürfen. Obwohl nun die Versionen von Bernadette anerkannt wurden, wurden andere Versionen von gläubigen Katholiken nicht anerkannt.
Auch wurden die Heilungen immer mehr mit Skepsis betrachtet. Die Überprüfungen, bis eine Heilung zur Wun-

derheilung erklärt werden durfte, wurden immer komplizierter.

Es mussten Beweise geliefert werden, wie Röntgenaufnahmen, eingehende ärztliche Nachweise, dass der Patient an einer bestimmten Krankheit litt. Die Anzeichen und Symptome mussten wenige Stunden nach dem Kontakt mit dem ‚göttlichen Eingreifen' verschwunden sein.

Ihr könnt euch vorstellen, dass kaum jemand Lust hatte, das alles offen zu legen, nur damit es einen Beweis für eine Heilung gab. Nur intern gaben die Menschen, die eine Heilung und Besserung am eigenen Leib erfahren hatten, dies an Hilfesuchende und Kranke weiter.

Trotz mangelnder Beweise und der geringen Zahl an registrierten Wundern kommen die Pilger in zahllosen Mengen nach Lourdes. Geduldig nehmen sie noch heute die Bedingungen an diesem von Menschen überfüllten Ort hin.

Die Menschen gehen, so wie Jean es auch in Erfahrung brachte, an diesen Ort, um Trost und Kraft zu bekommen und ihre Schmerzen zu erdulden. Nur wenige kommen mit der Erwartung, geheilt zu werden.

So, meine Lieben, nun sind wir bald da, schaut euch jetzt mal die Landschaft an."

„Das hast du schön erzählt, Tante Jessica, warum habe ich nichts von dem behalten, was du mir früher erzählt hast?"

„Weiß nicht", sagte Jessica, „vielleicht hat es dich nicht wirklich interessiert."

Jessica wirkte so stark nach all dem, was sie in den letzten Tagen durchgemacht hatte, das allein war schon ein Wunder, dachte ich.

Lourdes lag am Fuße der Pyrenäen ca. 400 Meter über dem Meeresspiegel, umgeben von bewaldeten Hügeln. Nun sah es aus, als hätte jemand die Landschaft mit Puderzucker bestreut. Durch das Sonnenlicht wirkte die Umgebung wie aus einem Märchen. Anna saß da mit offenem Mund. Gespannt waren Anna und ich darauf, was wir zu sehen bekommen würden, und Jessica war gespannt auf unsere Gesichter und Gefühle.

Nachdem wir nun den Wagen und den Parkplatz verlassen hatten, gelangten wir an das Marienbild. Die Madonna stand in einem Felsen. Wir blickten ehrfürchtig zu dem Bild auf. Anna und ich bemerkten, dass Jessica ihre Hände faltete, sie neigte den Kopf und versank für einige Minuten in einem Gebet.
Ich versuchte mich zu konzentrieren, denn irgendwie hatte auch ich jetzt das Bedürfnis nach langer Zeit ein Gebet zu sprechen. Doch eigene Worte, so wie ich es wünschte, fand ich nicht, so betete ich das „Vater unser". Von meiner Mutter hatte ich gelernt, außer dem „Vater unser" und anderen bekannten Gebeten auch einfach nur so mit Gott zu sprechen, Wünsche zu äußern, geliebte Menschen mit einzubeziehen und auch eigene Dankformulierungen zu benutzen. Meine Mutter hatte mir versucht zu erklären, Gott als Freund zu sehen, nicht als strafende oder alles könnende Person zu betrachten. Bilder meiner Kommunion kamen mir wieder in das Gedächtnis, auch die Vorbereitungen dazu, und an zwei Teilnehmer konnte ich mich noch erinnern. An Tanja, die Gott für einen Engel hielt und dafür von der Betreuerin gemaßregelt wurde. Oder an Bernd, der mit all dem nichts am Hut hatte und vom Unterricht ausgeschlossen wurde, weil er zweimal

nicht erschienen war, ich glaubte sogar, er habe dann auch nicht an der Kommunion teilnehmen dürfen.
Das war nun Kirche, aber was war das hier? Ein Ort voller Menschen, die an Gott glaubten, ja sogar an Wunder.
Ob sie alle einer Konfession angehören?, dachte ich.
Nachdem Jessica wieder anwesend war, gingen wir weiter und gelangten an die Wasserleitungen, so wie sie Jessica beschrieben hatte. Wir kamen zu einem freien Wasserhahn. Jessica trank zuerst, danach ich und zum Schluss trank Anna einen Schluck.
Anna meinte, das Wasser würde nicht anders schmecken als das Wasser zu Hause. Auch ich stellte keinen Unterschied fest.
Nun löste sich bei Anna und mir auch die Spannung und wir begannen den Ort unbefangener wahrzunehmen. Wir beobachteten die Menschen, wie sie eingemummelt gegen die Kälte den Ort betrachteten, sich die Handschuhe auszogen, zwischen die Knie klemmten, um das heilende Wasser mit der Hand aufzufangen und davon zu trinken.
Anna drängelte, sie wollte gern zurück zum Marienbild. Als wir nun wieder davor standen, wurde Anna blass. Sie bat Jessica sie zum Auto zu bringen, da sie sich sehr unwohl fühlte und Angst hatte, sie müsse sich übergeben. Meinen Vorschlag, eine Toilette zu besuchen, lehnte Anna ab. Sie wurde sogar böse und sagte sehr scharf: „Ich möchte jetzt gehen, bitte!"
„Aber Anna, es gibt noch so viel zu schauen."
„Das ist mir egal, ich will jetzt weg hier", schimpfte sie.
Als wir gehen wollten, schwankte Anna, es schien ihr wirklich nicht gut zu gehen. Jessica und ich stützten sie, bis wir das Auto erreicht hatten.

Um das Auto zu öffnen, ließen Jessica und ich Anna einen Moment los. Sie brach wie ein Sandturm in sich zusammen. Erschrocken beugten wir uns zu ihr herunter und riefen ihren Namen. Anna öffnete kurz ihre Augen und stöhnte vor sich hin. Jessica rollte ihre Jacke auf und legte sie unter Annas Kopf. Passanten kamen herbeigelaufen und fragten, ob sie helfen könnten. Anna hob die Hand, als wolle sie sagen, lasst nur, es geht schon wieder.
Ich hockte besorgt neben Anna, ich konnte mir beim besten Willen nicht vorstellen, was mit ihr war. Ich holte eine Decke aus dem Kofferraum und baute auf der Rückbank ein Bett für Anna. Noch geschwächt richtete Anna sich mit Jessicas Hilfe langsam auf und legte sich auf die Rückbank.
„Anna, wie geht es dir? Sollen wir lieber einen Arzt rufen?", fragte Jessica besorgt.
„Nein, bloß nicht!", sagte Anna entrüstet, „mit ist doch nur ein wenig schwummrig, das geht gleich schon wieder."
Vorsichtig fuhr Jessica den Wagen an. Als wir den Parkplatz verließen, schlief Anna bereits. Ich ließ sie nicht aus den Augen. Jessica glaubte, die Fahrt würde niemals enden, und als wir endlich die Auffahrt zum Haus erreichten, sagte Jessica: „Niemals kam mir die Heimfahrt von dort so lange vor."
Jessica stieg aus, öffnete die Haustür, stellte den Picknickkorb und ihre Tasche ab und kam zurück, um mir behilflich zu sein. Ich hatte bereits versucht Anna aufzurichten und ihr aus dem Wagen zu helfen. Wir stützten Anna bis zur Couch und betteten sie gleich wieder. Anna wünschte ein kühles Tuch, einen Schluck Wasser und einen starken Kaffee.

Sie bekam alles, was sie sich wünschte. Mit dem Handrücken an der Stirn blickte sie stumm die Decke an. Ihre Augen wirkten verstört, sie schien noch in einer Erinnerung festgehalten. Ich mochte gar nicht fragten, was denn los sei oder passiert war. Doch es schien mir, als hätte das alles mit dem Ort zu tun. Außerdem bedauerte ich, dass wir ihn so schnell wieder verlassen mussten. Gerne hätte ich noch mehr gesehen und ich war fest davon überzeugt, dass ich diesen Ort noch einmal besuchen würde.

Es klingelte an der Tür und Jessica rief aus den oberen Räumen: „Ulrike, machst du mal auf?"

Als ich die Tür öffnete, begrüßte mich Dr. Monet.

„Was machen Sie denn hier, Dr. Monet?", fragte ich erstaunt.

„Guten Tag, Ulrike, schön dich zu sehen. Deine Tante hat mich angerufen, ihr habt eine junge Patientin für mich, hat sie gesagt", erwiderte Dr. Monet freundlich.

Ich gab Dr. Monet die Hand, nahm ihm seinen Mantel ab, führte ihn zu Anna und ließ die beiden allein. Ich begab mich auf die Suche nach meiner Tante; diese saß auf dem Fußboden in Onkel Jeans Arbeitszimmer, umgeben von vielen Papierblättern und verschiedenen Unterlagen.

„Was suchst du denn da?", fragte ich.

„Na, die Aufzeichnungen von deinem Onkel. Ich weiß, dass sie hier irgendwo sein müssen, es ist eine dicke blaue Kladde, die kann man doch nicht übersehen", sagte Jessica, während sie in den Papieren wühlte.

„Meinst du diese?" Ich zog die blaue Kladde aus einer noch nicht ausgeräumten Schublade.

„Ja, genau die ist es", rief Jessica freudig aus, stand auf und riss sie mir aus der Hand. „Wer war denn an der Tür?", fragte sie beiläufig.

„Dr. Monet, er untersucht gerade Anna", sagte ich und schaute gespannt auf das Buch.
„Dann sollten wir runtergehen." Sie klappte das Buch zu, klemmte es unter den Arm und ging nach unten. Ich folgte ihr.
Wir klopften an, bevor wir das Wohnzimmer betraten. Dr. Monet hatte die Untersuchung abgeschlossen, Anna hatte schon wieder etwas Farbe im Gesicht und saß nun aufrecht.
„Und? Anna-Maus, was fehlt dir?", fragte ich quirlig.
„Mir geht es schon besser, mein Blutdruck war ein bisschen im Keller, ansonsten fehlt mir nichts", antwortete Anna erleichtert.
Dr. Monet ließ ihr ein Fläschchen mit Tropfen da und verabschiedete sich von uns. Jessica begleitete ihn zur Tür.
„Jessica, Sie sehen schon wieder sehr erholt aus, der Besuch Ihrer Nichte scheint Ihnen gut zu tun. Wie geht es Ihnen sonst?", fragte Dr. Monet ernsthaft besorgt.
„Gut!", sagte Jessica. „Wissen Sie, Herr Doktor, ich konnte Abschied von Jean nehmen, das macht mir die Sache etwas leichter und ich weiß, dass es sein Wunsch war, dass ich zufrieden bin, aber er fehlt mir und dieses Gefühl zerreißt mir fast das Herz."
„Hm, das kann ich nachfühlen. Auch ich brauchte zwei Jahre, bis ich den Schmerz über den Verlust meiner Frau einigermaßen überwunden hatte. Ich habe gehört, dass Jean wusste, dass er sterben würde. Wenn Sie einmal Lust und Zeit haben darüber zu sprechen, würde es mich sehr interessieren", sagte er vorsichtig, ja schon fast schüchtern.

Jessica gab ihm die Hand und sagte: „Gern, ich melde mich bei Ihnen."

Ich hatte mir einen Stuhl vor die Couch gerückt. Als Jessica das Wohnzimmer betrat, tat sie es mir gleich. Wir blickten Anna erwartungsvoll an.

„Was ist?", fragte sie. „Na, erzähl schon", bettelte ich, „was ist passiert?"

Anna zierte sich und sagte: „Ich traue mich nicht!"

„Wieso traust du dich nicht?", fragte Jessica und blickte sich im Zimmer um. „Hallo, Anna, wir sind es nur, also erzähl schon!", befahl sie.

„Also gut", stotterte Anna, „wie lange war ich ohnmächtig?" „Etwa fünf Minuten", schätzte Jessica. Neugierig beugten wir uns nach vorn. Dann begann Anna und erzählte ihre Geschichte.

„An den genauen Ablauf kann ich mich nicht mehr erinnern, alles war sehr verwirrend. Ich kann mich noch erinnern, dass wir zur Madonna zurückgegangen sind, dann bin ich in irgendetwas eingetaucht und ich spürte meine Angst vor den vielen Leuten. Ich hatte Bedenken, sie könnten merken, dass ich abtauchte, also wollte ich von dort verschwinden, es fühlte sich nicht an wie eine Ohnmacht. Eine Ohnmacht fühlt sich dunkel an, das hatte ich schon einmal, als ich mir den Kopf gestoßen hatte. Als ich sah, dass es blutete, bin ich in Ohnmacht gefallen, da wurde alles um mich herum dunkel.

Diesmal war es anders, ich war geblendet von ganz viel Licht und Glanz. Trotzdem spürte ich, dass ich den Boden unter den Füßen verlieren würde. Eine innere Stimme sagte mir, weg hier, schnell weg hier. Das Licht und der Glanz aber blieben, davor wollte ich auch nicht weglaufen, es war sehr angenehm und beruhigend. Ich hatte eher das Gefühl, dass ich der Schaulust der Menschen zum Opfer fallen könnte. Ich habe nur gespürt, dass ihr zwei mich von dort weggebracht habt, dann fühlte ich mich sicher und bin auf die Reise gegangen. Ich war, so glaube ich, tief in mir. Bilder zogen an mir vorbei, Ulrike, wie du an deinem Schreibtisch sitzt und die Berichte schreibst, mit dem Bewusstsein, dass ich gar nicht weiß, was du da schreibst, was du erlebt hast. Auch dass ich dem Armin auf den Hintern schaue, wenn er mein Büro verlässt, dass ich gleich darauf die Titelseite festlege, auf der die schlimmen Fotos erscheinen, und wie ich danach dürste, immer gruseligere Bilder zu finden, dass ich oft abends heimfahre und nicht einmal mehr an meine Arbeit geschweige denn an dich oder irgendjemand anderen denke, in die Badewanne gehe, glaube entspannt zu sein und nicht schlafen kann, weiß aber nicht, warum, und am nächsten Morgen ist es mir nur wichtig, gut gekleidet wieder am Arbeitsplatz zu erscheinen und alle glauben zu machen, ich sei perfekt.

Ich sehe mich plötzlich zynisch auch gegenüber Andreas und Sascha. Lache innerlich über die Schicksale der Menschen und denke, mir kann so etwas nicht passieren. Plötzlich sehe ich mich auf einem Thron sitzend mit einem Stab in der Hand, unter mir viele Menschen, die mir etwas zurufen, wie – du kannst es – oder so, doch ich lache und lasse sie einen nach dem anderen abführen. Ich fühle meine Angst vor dieser Macht, die ich dort habe, ich will weg von dem Thron und schon bin ich mitten im Volk, ich höre, wie sie ihre Geschichten erzählen, wie sie diskutieren, dass niemand das Gute hören möchte und schon gar niemand dieses öffentlich dokumentiert.

Und wieder kommen sie auf mich zu und bitten mich darüber zu berichten. Auch du, Ulrike, stehst neben mir und sagst mir: „Du kannst es." Ich greife nach deiner Hand, aber du weichst mir aus. Ich flehe dich an: „Hilf mir und hol mich hier raus!" Dann endlich nimmst du meine Hand und wir stehen auf einem Hügel und schauen gemeinsam herunter, es war eine ähnliche Situation wie am Heiligen Abend, weißt du noch, als wir nicht mehr schlafen konnten und dort am großen Fenster gestanden haben. Diese Energie habe ich wieder gefühlt und irgendwie auch die Kraft, es jetzt zu schaffen. Dann durchströmte mich das helle Licht und der Glanz, ich hatte das Gefühl, es schien durch mich hindurch. In mir wurde es friedlich, da war nichts mehr von Unruhe oder Angst. Als ich glaubte wieder zu mir zu kommen, öffnete ich die Augen und sah die Madonna vor mir, sie war umgeben von Licht, warm und liebevoll geschützt. Erst dann wurde ich wirklich wach, öffnete meine Augen und wir waren schon wieder hier vor dem Haus. Das war es", sagte Anna abschließend.

Wir richteten uns auf und streckten uns, als hätten wir einer zweistündigen spannenden Geschichte gelauscht. Ich fuhr mir mit den Fingern durch die Haare und sagte: „Oh Mann, was für eine Botschaft, das hätte ich jetzt nicht gedacht."

„Ich auch nicht", sagte Jessica, „darauf brauche ich jetzt einen Schnaps, sonst noch jemand?" Sie stand auf, holte drei kleine Gläser und irgendeinen Billigfusel. Wir tranken ein Gläschen, schüttelten uns. „Und wie geht es nun weiter?", fragte Anna.

„Ich schlage vor, wir setzen uns an den runden Tisch und überlegen, was das zu bedeuten haben könnte", schlug Jessica vor.

Beim Herübergehen sagte ich: „Da brauchen wir nicht diskutieren oder lange überlegen, mir ist ganz klar, was das bedeutet."

„So, was denn? Da bin jetzt aber gespannt", sagte Anna.

„Anna, wir haben doch schon länger den Wunsch ein eigenes Magazin auf die Beine zu stellen, die Arbeit, so wie wir sie zur Zeit machen, gefällt uns nicht und nimmt uns manchmal ganz schön mit, mich noch häufiger als dich, weil ich mir die Geschichten vor Ort anhöre und genau mitbekomme, mit welchen Schicksalen die Menschen zu kämpfen haben. Seit meinem letzten Termin bin ich an dieser Arbeit wirklich nicht mehr interessiert. Wir haben sie mechanisch ausgeführt und können uns glücklich schätzen, dass Andreas und Sascha uns von all unseren Freunden noch geblieben sind. Auf der Fahrt in die Schweiz hast du ja gehört, wie sie über unsere Berichterstattung denken. Nun bitten dich die Menschen, über ihre kleinen Wunder zu schreiben. Bislang hatten wir den Wunsch, ein eigenes Magazin zu gestalten, aber uns fehlte ein Thema und eine Gruppe von Menschen, die wir erreichen wollen.

Meinst du nicht, dass wir damit reichlich Material bekommen und auch Menschen, die so etwas lesen möchten?

Zwar werden hier auch Schicksale aufgedeckt und wir müssen erst die schlechte Nachricht und dann die gute schreiben, aber der Bericht hat einen Sinn auch für unsere Tätigkeit. Was meinst du?"

Anna hauchte: „Das ist genial!" Ich spürte förmlich, wie Annas Gedanken kreisten. „Nur wie sollen wir das Magazin nennen und wie finanzieren wir es?", fragte Anna.
Jessica stand auf, stützte ihre Hände auf die Tischplatte und sagte wie selbstverständlich und ganz ruhig: „Einen Namen habe ich und das Geld, hm, Ulrike hat doch geerbt, was macht ihr euch also für unnötige Sorgen?"
„Und was schwebt dir vor, wenn du an einen Namen für unser Magazin denkst?", fragte ich neugierig.
Jessica antwortete, kreiste ihre Arme und drehte sich wie vom Wind bewegt, ja sie sang den Namen und versetzte Anna und mich damit in großes Staunen:
***„Die Wunderforscherin!"***
Uns blieb die Spucke weg. „Das ist es!!", riefen wir wie aus einem Mund, „das hat uns gefehlt."

## Kapitel 21

Bis in die Nacht hinein überlegten Anna, meine Tante und ich, was in naher Zukunft an Aufgaben auf uns zukam. Wir rechneten und schrieben auf, wer was organisierte. Für diesen Abend hatte Jessica den Schmerz über den Tod von Jean vergessen. Bevor sie einschlief, dankte sie ihm im Gebet und sie wusste genau, was er meinte. Sie hatte ihm versprochen viel zu erleben, bis sie sich wiedersahen.

Am nächsten Tag gingen wir die „blaue Kladde" von Onkel Jean durch. Wir lasen seine Aufzeichnungen. Gut,

dass Jessica anwesend war, sonst hätten wir einige Textstellen nicht lesen können, alles war handgeschrieben.
Er hatte sogar Adressen und Telefonnummern notiert.
Anna rief ganz aufgeregt: „Schaut mal, hier ist auch eine Frau aus Frankfurt, sie kommt sogar aus unserer näheren Umgebung, das gibt es ja nicht."
Anna las den Eintrag von Onkel Jean vor. *Heute traf ich eine junge Frau, deren Schicksal mich sehr betroffen machte. Es war sehr warm und sie trug einen Turban auf dem Kopf, wie Frauen ihn tragen, die durch eine Chemotherapie die Haare verloren hatten. Sie wirkte so zierlich und zerbrechlich, doch sie hatte ein so freundliches Gesicht. Als sie mich anlächelte, fasste ich allen Mut und sprach sie an. Sie hatte eine freundliche und kräftige Stimme. Auf meine Frage hin, was sie bewegte hierher zu kommen, sagte sie: „Ich weiß nicht, ob ich um Heilung bitten darf, doch ich wünsche mir so sehr, meine Kinder aufwachsen sehen zu dürfen, und wenn ich nicht geheilt werde, so möchte ich hier für meine Kinder bitten, dass sie zusammenbleiben, Liebe erfahren, mich immer in guter Erinnerung behalten und der Schmerz, den sie durch den Verlust ihrer Mutter erleiden, schnell vorübergeht.* Während Anna las, rollten mir die Tränen unaufhaltsam die Wangen herunter. Ich musste an die kleine Frau denken, wie hieß sie noch gleich? Ach ja, Johanna Neuberger.
Anna fuhr mit den Aufzeichnungen meines Onkels fort.
*Auf meine Frage, wie sie hierhergekommen sei, antwortete sie: „Ich habe für den Zeitraum meiner Chemotherapie eine liebe Dorfhelferin zugewiesen bekommen, sie kümmerte sich rührend um meine Kinder. Wir haben heute noch Kontakt und sie holt die Kinder heute noch gerne zu sich. Ihre Tochter hatte beruflich in dieser Gegend zu tun und so hat meine Kinderfrau dafür gesorgt, dass ich an diesen wundervollen Ort reisen konnte. Ich hätte es mir niemals leisten können.* Anna las weiter mit den Worten: „Hier hat er

noch einen Nachtrag geschrieben." Der Nachtrag von Jean lautete:
*Ich habe sie beobachtet, wie sie so weiterging, und habe ihr gewünscht, dass sie wieder gesund wird. Ich habe sie nicht wiedergesehen.*
„Ulrike, die Frau sollten wir sofort aufsuchen, wenn wir wieder zu Hause sind", sagte Anna mit großem Staunen.
„Das brauchen wir nicht, ich weiß, wo sie wohnt", sagte ich und wischte mir die Tränen ab.
Erstaunt und fragend blickten Jessica und Anna mich an.
Ich fragte: „Heißt die Frau Johanna Neuberger?"
„Kannst du hellsehen oder was wird das jetzt hier?", fragte Anna ängstlich.
„Nein, beruhige dich, ich war kurz vor dem Urlaub bei ihr, sie war mein letzter Termin", sagte ich und dann erzählte ich den beiden die ganze Geschichte.
Wir kamen zu dem Entschluss, dass das wohl kein Zufall mehr war.
Jessica erhielt vor unserer Abreise eine ganze Liste mit Dingen, die sie für uns erledigen konnte. Wir baten Jessica, die Menschen aus den Aufzeichnungen aus Onkel Jeans Büchlein zu kontaktieren, um sie zu fragen, ob sie mit ihrer Geschichte an die Öffentlichkeit gehen möchten. Jessica freute sich auf diese Arbeit, bestimmt erinnerten sich einige von ihnen noch an das Gespräch mit Jean.

**Kapitel 22**

Am sechsten Januar traten Anna und ich unsere Heimreise an. Wir hatten einen Direktflug von Toulouse nach Frankfurt gebucht. Somit waren wir schon um 10.00 Uhr am Flughafen.
Sascha und Andreas hatten an diesem Tag noch Urlaub, so beschlossen sie, uns gemeinsam abzuholen. Von unseren neuen Plänen wussten sie noch nichts.
Sie besorgten zwei Tulpensträuße für den Empfang. Die Überraschung am Flughafen war groß. Ich konnte es kaum erwarten, Andreas wiederzusehen.
Aus dem Terminal heraus haben Anna und ich die beiden gleich entdeckt. Wir mussten lachen, als wir sahen, wie die zwei hinter der Scheibe standen, jeder mit einem Blumenstrauß in der Hand. Als wollten sie ihre Frauen und ihr Neugeborenes aus dem Kreißsaal empfangen.
Anna fragte: „Ulrike, wollen wir den beiden von unserer Idee erzählen? Ich kann das nicht lange für mich behalten, vielleicht haben sie auch noch Ideen dazu."
„Klar", sagte ich, „ich glaube, sie wären uns auch böse, wenn wir ihnen nicht gleich davon erzählen. Wir könnten die beiden heute zum Essen einladen, was meinst du?"
„Ja, das halte ich für eine gute Idee", sagte Anna.
Dann nahmen wir unsere Koffer. Da ich nur einen hatte, nahm ich Anna einen ab. Ich ging auf Andreas zu, Tränen rannen mir über die Wangen, nicht aus Trauer über meinen Onkel, die hatte sich etwas gelegt, nein, weil ich Andreas endlich wiedersah und nicht glauben konnte, dass wir nun ein Paar waren, und es fühlte sich so gut und richtig an wie noch nie.

Andreas drückte Sascha den Blumenstrauß in die Hand. Ich ließ die Koffer stehen, dann fielen wir uns in die Arme und küssten uns leidenschaftlich.

Jetzt wünschte ich mir, wir wären ganz allein. Sascha schaute wie ein Dackel, stand da und umarmte Anna, in jeder Hand einen Blumenstrauß.

Anna umarmte Sascha auch und sagte: „Schön, dass es euch gibt." Darauf Sascha: „Ich bin nur eine Person."

„Ja, ja, du weißt schon, was ich meine", dabei buffte sie Saschas Schulter.

Sascha überreichte ihr den Blumenstrauß, den anderen gab er mir mit den Worten: „Hier, von Andreas."

Danach nahm er Anna die Koffer ab. Andreas übernahm mein Gepäck.

„Habt ihr Zeit und Lust mit uns essen zu gehen? Wir haben so viel zu erzählen", fragte ich, als wir im Auto saßen.

„Es ist erst zehn, habt ihr jetzt schon Lust auf Mittagessen?", fragte Sascha.

„Ich habe eine bessere Idee", warf Andreas ein. „Wir fahren zu mir, trinken erst einmal Kaffee und bestellen uns zur Mittagszeit eine Pizza. So können wir ungestört reden. Was meint ihr?"

Nach all dem, was Anna und ich erlebt hatten, begrüßten wir seinen Vorschlag.

Wir nahmen am langen Esstisch Platz. Bei einem großen Becher Kaffee begann ich die Geschehnisse der letzten Tage der Reihe nach zu erzählen.

Anna unterbrach mich nicht, ab und zu nickte sie, um meine Aussagen zu bestätigen.

Sascha und Andreas hörten gespannt zu. Sascha wurde sichtlich nervöser, als ich von den Geschehnissen in

Lourdes berichtete. Er strich sich ständig durchs Haar und wippte auf seinem Stuhl hin und her.
Ich brachte die Erzählung zu Ende mit den Worten: „Und jetzt planen Anna und ich ein neues Magazin."
Sascha stand auf und lief im Zimmer auf und ab, seine Fragen sprudelten heraus. Er konnte all dem nicht so recht Glauben schenken.
Er kam zu dem Entschluss, dass man damit doch kein Geld verdienen könnte, gab aber auch zu, dass er von diesen Themen zu wenig wusste.
Was ihn beunruhigte, war die Einsicht, dass das alles kein Zufall sein konnte, und nun musste er zwangsläufig glauben, hier könne es sich um eine sichtbare Bestimmung handeln. Dass ich kurz vor unserem Urlaub den Termin mit der Johanna hatte und sie im Sommer zuvor schon meinen Onkel getroffen hatte, war zu viel für ihn. Er bat mich, ihn zum nächsten Gespräch mit Johanna mitzunehmen, er wollte es begreifen und würde mich einfach als Assistent begleiten. Ich versprach ihm, dass ich Frau Neuberger fragen würde, ob es ihr recht sei, wenn ich noch einen Assistenten mitbrächte.
Nun waren Anna und Andreas über den Wunsch von Sascha überrascht.
Andreas fragte nach der finanziellen Absicherung und welche Zielgruppen erreicht werden sollten, wie unterschiedlich die Berichterstattungen sein sollten und welche Gruppen wir für die Werbung in dem Magazin ansprechen wollten. Wer machte die Recherchen? Und vieles mehr. Kluge Fragen, auf die wir schon Antworten hatten.
Um vier Uhr lösten wir unsere Sitzung auf. Sascha brachte Anna nach Hause. Andreas begleitete mich und blieb die Nacht bei mir.

**Kapitel 23**

Am nächsten Morgen trafen Anna und ich wie gewohnt in der Redaktion ein.
Gemeinsam baten wir um einen Termin bei unserem Chef. Am späten Nachmittag räumte er uns einen Termin ein.
Bis dahin gingen wir wie gewohnt unserer Arbeit nach. Die Vorbereitungen für den Januar hatten wir ja schon getroffen und nun brauchten wir nur die ganzen Artikel zusammenstellen und zur Korrektur weiterreichen. Den Artikel von Frau Neuberger nahmen wir nicht mit auf, stattdessen nahmen wir irgendeinen, der auf der Warteliste stand.
Beim Durchsehen der Artikel und Bilder schauten wir uns an. Anna sagte mit schüttelndem Kopf: „Ob wir jemals gemerkt hätten, was wir für einen Scheiß machen, wenn wir nicht nach Lourdes gereist wären?"
„Ich glaube, wir waren so weit, sonst hätten sich uns diese Tore nicht geöffnet", sagte ich erleichtert.
Ich dachte darüber nach, wie ich es wohl anstellen könnte, ein Treffen mit Frau Neuberger zu arrangieren, ohne gleich mit der Tür ins Haus zu fallen. Ich hatte Bedenken, dass Frau Neuberger zurückwich. Zudem wusste ich ja nicht, inwieweit sie bereit war, über die Dinge in Lourdes zu sprechen. Bei ihrem letzten Treffen hatte sie nichts davon erzählt. Auch dachte ich darüber nach, wie ich es anstellen könnte, Sascha zu diesem Treffen mitzunehmen. Da Anna und ich für das neue Magazin jemanden brauchten, der das Telefon bediente, und Frau Neuberger so eine freundliche Stimme hatte, kam mir die geniale Idee, ihr einen Job anzubieten.

Nun musste ich noch mit Anna sprechen, ob auch sie damit einverstanden wäre. Und natürlich musste geklärt werden, von wo aus Frau Neuberger die Tätigkeit ausübte, schließlich hatte sie drei kleine Kinder, die betreut werden mussten. Und wie viel Gehalt wir ihr zahlen könnten. Über Angestellte hatten Anna und ich uns noch keine Gedanken gemacht. Aber wir konnten die Arbeit nicht allein machen, das war klar. Über eine Kraft für die Buchhaltung hatten wir schon gesprochen und eine Buchhalterin aus dem alten Büro dafür vorgesehen. Sie war sehr unzufrieden dort, und soviel Anna wusste, war sie noch da, allerdings suchte sie dringend eine neue Stelle. Anna wollte mit ihr Kontakt aufnehmen.
Für unsere Webseite hatte Andreas die Idee. Seine Kontakte zur Universität erlaubten ihm, ein Studententeam zusammenzustellen, das im Zuge ihrer Bachelorarbeit die Aufgabe der Homepagegestaltung übernahm. Dies würde uns Kosten sparen und gleichzeitig einem guten Zweck dienen.
Anna war von meiner Idee begeistert. Wir brauchten eine Ansprechpartnerin mit Verständnis, und da Frau Neuberger Erfahrung hatte, bat Anna mich, gleich mit ihr einen Termin zu vereinbaren.
Kurz vor dem Nachmittagstermin bei unserem Chef lasen wir unseren Arbeitsvertrag noch einmal gründlich durch. Darin stand: Kündigungsfrist – Kündigungen müssen schriftlich eingereicht werden bis zum 15. eines Monats, dann endet das Arbeitsverhältnis zum Ende des Monats. Heute war der siebte Januar. Also verfassten wir eine schriftliche Kündigung. Die Überstunden und die noch nicht abgefeierten Urlaubstage führten wir extra auf und kamen zu dem Entschluss, eigentlich könnten wir

gleich wegbleiben. „Unserem Chef könnten wir eventuell entgegenkommen, indem wir auf die Auszahlung der Überstunden und Urlaubstage verzichten, wenn er uns augenblicklich aus dem Vertrag entlässt", sagte Anna. Unser Chef war natürlich nicht begeistert, aber jemand, der mit so einer Art der Berichterstattung sein Geld verdiente, musste auch menschlich seine Fehler haben, dies stellten Anna und ich nun auch endlich fest. Er schimpfte und prustete und gestikulierte, er habe uns den Weg geebnet für Erfolg und Ansehen. Darüber mussten Anna und ich nun innerlich lachen. Erfolg hatten wir ihm gebracht. Was wir für ein Ansehen hatten, haben uns Sascha und Andreas deutlich klar gemacht. Ansehen für nackte Tatsachen, die nur herunterziehen, wenn man nicht gerade geldgeil ist.

Wir erzählten ihm nicht, was wir vorhatten. Er ging davon aus, dass wir einfach für ein anderes Magazin arbeiten wollten. Klar hatte er nun Angst, dass sein Magazin an Auflagen verlieren konnte, doch das war sein Problem. Er machte auch keinen Versuch, uns zurückzuhalten. Als er uns dann drohte, das Gehalt für den Monat nicht mehr zu zahlen, verabschiedeten wir uns sofort mit den Worten: „Dann verzichten wir", unterschrieben die Vereinbarung, räumten unsere Schreibtische und verließen erleichtert das Büro. Ein kleiner Blick zurück in die Räume, mit schüttelndem Kopf hakten wir uns unter und hüpften hinaus in unser neues Leben.

**Kapitel 24**

Anna und ich verabredeten uns in unserem Café an der Steinstraße zu einer kurzen Aufteilung der nun zu erledigenden ersten Arbeiten. Ich berichtete: „Ich will zuerst den Termin mit Frau Neuberger festlegen und einiges recherchieren. Dann würde ich mich gern wieder mit dir treffen." Anna musste sich um Einnahmen kümmern. Sie beschloss einige Firmen zu kontaktieren. Eine Liste hatten sie ja schon bei Jessica gemacht.

Nach zwei Tassen Kaffee und einer langen To-Do-Liste verabschiedeten wir uns herzlich voneinander.

Zu Hause angekommen, packte ich meine Kiste aus, die ich aus dem Büro mitgebracht hatte, dabei fiel mir die Telefonnummer von Frau Neuberger in die Hand. Gleich legte ich diese neben mein Telefon. Dann machte ich mich an meinen Koffer. Der stand noch unberührt im Flur, da ich am Vorabend die Zeit lieber mit Andreas verbrachte.

Ich räumte und putzte, dann beschloss ich, meinen Kühlschrank zu füllen. Auf meinem Tisch dekorierte ich Tulpen und ein wenig Frühlingsdekoration, die ich bei meinem Einkauf gleich mitbesorgte. Die Wohnung roch frisch. Nun fehlte nur noch ein heißes Bad, damit das Frühlingserwachen auch auf meiner Haut stattfinden konnte.

Wohl fühlte ich mich jetzt schon in meiner Haut. Aus der Badewanne heraus schrieb ich Andreas eine SMS. Ich lud ihn ein, nach Feierabend vorbeizukommen, weil ich etwas Leckeres zu essen kochen möchte, und zum Nachtisch hätte ich mir etwas Besonderes ausgedacht. Gleich kam seine Antwort zurück: „Ich fahre noch kurz zu Hause

vorbei, um mich frisch zu machen, gegen acht bin ich bei dir." Ich lehnte mich entspannt zurück. Nach dem Bad wählte ich lockere, farbenfrohe Kleidung. Es war erst sechs und somit suchte ich nach Worten für ein Telefonat mit Frau Neuberger.
Ich setzte mich in einen bequemen Stuhl, nahm mir einen Block und wählte aufgeregt die Nummer.
Am andern Ende meldete sich Frau Neuberger mit freundlicher Stimme. Als ich meinen Namen sagte, merkte ich, dass sie mit dem Namen nichts anfangen konnte. So wiederholte ich meinen Namen und fügte hinzu: „Ulrike Mittelfeld, Redaktion ‚Tageslichtreport'."
„Ach, hallo, ja, jetzt erinnere ich mich, danke für den Vorschuss", rief sie erfreut.
„Darum rufe ich nicht an, Frau Neuberger, ich würde gerne einen neuen Termin mit Ihnen vereinbaren, ich habe noch ein paar Fragen an Sie."
Ihre Stimme wurde zögerlich und nun klang sie leicht beschämt.
„Frau Mittelfeld, ich muss Ihnen etwas gestehen, ich fühle mich bei dem, was ich nun berichten möchte, nicht wohl, zumal Sie mir ja schon eine beachtliche Summe für die Berichterstattung gezahlt haben." Mutig fuhr sie fort: „Ich habe über Weihnachten viel nachgedacht und ich fühle mich so unwohl bei dem Gedanken, meine Geschichte der Öffentlichkeit zur Verfügung zu stellen. Wie kann ich das rückgängig machen und wie kann ich Ihnen das Geld zurückzahlen?", flehte sie mich an.
Für einen Moment fühlte ich mich wie in den letzten Monaten, wenn jemand seine Geschichte zurückzog. Doch dann war ich erleichtert. Ich arbeitete ja nicht mehr für den „Tageslichtreport" und somit war jetzt die

Grundlage für eine ganz neue Gesprächsführung gelegt. Ich atmete tief durch und begann mit meiner Antwort.
„Liebe Frau Neuberger, da bin ich aber froh, auch ich hätte Ihre Geschichte nicht veröffentlichen wollen."
„Hä?", gab Frau Neuberger erstaunt zurück.
„Lassen Sie mich kurz die Umstände erklären, warum ich mich dazu entschieden habe", beruhigte ich sie.
„Als ich bei Ihnen war, ist mir ein Licht aufgegangen, viel zu groß war meiner Meinung nach Ihr Leid und auch das der vielen Menschen, die mir ihre Geschichte anvertrauten. Doch geholfen haben auch die Veröffentlichungen niemandem. Im Gegenteil, meist wurden diese Menschen danach von Freunden und Verwandten gemieden. Und das Geld für den Bericht war schnell ausgegeben. Danach war das Leben genauso schwer wie vorher. Auch ich hatte viel Zeit über meine Arbeit nachzudenken. Ich bin zu dem Entschluss gekommen, mit dieser Art der Berichterstattung meinen Lebensunterhalt nicht mehr zu verdienen."
„Oh Schreck, und was machen Sie jetzt, haben Sie gekündigt?", fragte Frau Neuberger interessiert.
„Ja, ich habe gekündigt und eine neue Idee. Von dieser würde ich Ihnen gerne berichten und eventuell könnte ich dabei Ihre Unterstützung benötigen", gestand ich.
„Meine Unterstützung, wie kommen Sie auf mich?", fragte sie erstaunt.
„Auch das ist eine lange Geschichte, die ich nicht am Telefon erzählen möchte. Hätten Sie Interesse, sich das einmal anzuhören?", fragte ich.
„Ja, da spricht wohl nichts dagegen, außerdem müssten wir auch noch klären, wie ich Ihnen die fünfhundert Euro zurückzahlen kann. Wann möchten Sie vorbeikommen?

Ich habe am besten abends ab 19.30 Uhr Zeit, da schlafen die Kinder und wir haben Ruhe."
„Wäre es Ihnen morgen recht? Ich würde noch einen Mitarbeiter mitbringen." Ich hoffte so sehr, dass sie ihre Zustimmung geben würde.
„Gerne, dann morgen um 19.30 Uhr, ich bin gespannt."
Wir verabschiedeten uns. Ich griff gleich zu Saschas Nummer. Er war sofort am Apparat und schlug mir vor, dass er mich abholen würde. Also verabredeten wir uns für 19.00 Uhr am Abend des nächsten Tages.
Nun wurde ich aufgeregt und machte mir schnell Stichpunkte für den Termin mit Frau Neuberger.
Dann zauberte ich ein Essen und deckte den Tisch festlich ein. Um acht war Andreas endlich da. Während des Essens berichtete ich von der Kündigung und dem Telefonat mit Frau Neuberger. Andreas hatte schon erste Entwürfe für die Homepage und die Sicherungsbestätigung der Domain www.die-wunderforscherin.de.
Wir waren beide viel zu engagiert und voller Ideen für das neue Magazin, somit sprachen wir nicht über Gefühle und unsere Beziehung. Wir sammelten alle Ideen und schrieben sie gleich auf.
Es war schon nach Mitternacht, als wir müde ins Bett fielen.

Den nächsten Tag verbrachte ich mit vielen Telefonaten. Ich benötigte die unterschiedlichsten Berichterstattungen. Einmal die Berichte, die Tante Jessica einreichen wollte. Ausschließlich über Wunderheilungen zu berichten, wäre zu eintönig und auf Dauer gäbe es auch keine Steigerung der Zielgruppen.

Für die Werbung in der Zeitung verfasste ich ein Anschreiben, welches dann an Herstellungsfirmen von Naturheilprodukten und Geräten, die eine Heilung unterstützten, versandt werden sollte. Vorab machte ich den telefonischen Kontakt.
Auch schrieb ich Einrichtungen an wie Hospize und viele Schulen, die Ausbildungen im Bereich Gesundheit anboten.
Verbände aus dem Gesundheitsbereich wurden auf das Magazin aufmerksam gemacht und hatten auch hier die Möglichkeit der Werbung und Berichterstattung für ihre Öffentlichkeitsarbeit. Hier fand ich viel Zuspruch und Interesse von Heilpraktiker-, Heilpraktiker für Psychotherapie- und Heilpädagogik-Verbänden.
Wir planten auch, eine regelmäßige Berichterstattung über positive Ereignisse aus der Politik und aller Welt mit einfließen zu lassen. Hierfür fehlte allerdings noch ein Berichterstatter. Auch wollten Anna und ich in jeder Ausgabe ein Interview mit einer berühmten Persönlichkeit zum Thema Wunder und positive Berichterstattung einbauen.
Wir hatten allerhand zu tun. An einen Verlag wollten wir nicht herantreten. Wir beschlossen einen eigenen Verlag zu gründen. Somit hatten auch die Menschen, die Bücher in diese Richtung schrieben, die Möglichkeit ihr Material über uns zu veröffentlichen.
Alles in allem ein gutes „Rundum-Paket". Am nächsten Tag hatten wir einen Termin bei einem Notar, um die neue Geschäftsidee im Handelsregister eintragen und sie auch schützen zu lassen.

Der Termin mit Frau Neuberger rückte näher. Ich suchte meine Notizen. Dann klingelte Sascha schon an der Tür.

Er sah gut aus, nicht zu geschäftlich, aber wie immer gut gekleidet.
„Na!", begrüßte er mich mit Küsschen auf die Wange.
„Dann wollen wir mal los, bist du aufgeregt, Sascha?", fragte ich neugierig.
„Nö, jetzt nicht, ich bin nur gespannt, was sie zu deiner Idee sagt, und auf ihr Gesicht, wenn du ihr erzählst, dass sie schon mit deinem Onkel gesprochen hat", sagte er ganz cool.

Wie bei dem letzten Treffen stand Frau Neuberger schon an der Tür. Sie wirkte so zerbrechlich und klein, allerdings strahlte sie über das ganze Gesicht. Ihre Kleidung war hell und mit ihrem bunt gewählten Turban sah sie aus wie der Frühling selbst. Ich beobachtete Sascha, der nun, als er ihr Aug in Aug gegenüberstand, kräftig schluckte. Diese Art der Schönheit war ihm bis jetzt nicht begegnet. Das Lachen dieser Frau berührte sein Herz. Wir nahmen in ihrer kleinen Küche Platz. Sie bot uns Tee an, den wir dankend annahmen.

Dann begann ich das Gespräch. „Frau Neuberger, ich habe zusammen mit meiner Kollegin ein neues Magazin entwickelt. In diesem geht es speziell darum, über besondere Ereignisse zu berichten." Dann holte ich mit meiner Erzählung weit aus. Ich beschrieb kurz die Tätigkeit im „Tageslichtreport" und dass ich damit sehr unzufrieden geworden bin. Kurz berichtete ich von unserem Urlaub in der Schweiz und ganz ausführlich vom Tod meines Onkels. Ich erwähnte dabei noch keinen Namen. Frau Neuberger hörte gespannt zu und goss uns immer wieder Tee nach. Sascha saß da und konnte den Blick nicht von

ihr nehmen. Sie bemerkte es nicht, sonst hätte sie es vielleicht auch falsch deuten können. Als ich dann endlich an dem Punkt meiner Geschichte angekommen war, als ich mit Jessica und Anna in Lourdes war, wurde Frau Neuberger sichtlich nervös. Aber sie sagte noch nichts.
Zu der Ohnmacht von Anna sagte sie nur: „Ja, da passieren manchmal merkwürdige Dinge."
„Als wir dann wieder bei meiner Tante waren", fuhr ich fort, „haben wir ein Buch meines Onkels gefunden, in dem er alle Gespräche festgehalten hatte, die er vor Ort in Lourdes geführt hat. Und da fanden wir auch Ihren Namen."
Frau Neuberger wurde blass: „Jean Pillaré, ich kann mich an ihn erinnern. Es ist, als wäre es gestern gewesen, er ist tot, mein Gott, wie schrecklich, er war so freundlich und so anders als andere Menschen, zufrieden, hilfsbereit und ich hatte sofort Vertrauen zu ihm. Wir haben uns lange unterhalten und er hat mich drei Monate später sogar angerufen, um zu erfahren, wie es mir geht." Tränen liefen über ihr Gesicht. „Was ist nur geschehen, wie hängt das alles zusammen?"
„Das haben wir uns auch gefragt, es gibt keine Antwort", sagte ich leise und andächtig.
„Doch", meldete sich Sascha, „die Erklärung heißt Schicksal, euch hat das Schicksal zusammengeführt."
Da Sascha nun die Du-Form wählte, beschlossen wir uns ab jetzt beim Vornamen zu nennen.
Johanna stand auf und umarmte mich: „Ulrike, das glaube ich einfach nicht. Wie geht so etwas?
Da ihr nun so ausführlich berichtet habt, werde ich euch wohl auch meine Geschichte erzählen müssen.
Nach meiner Chemo im letzten Jahr kam ich einfach

nicht richtig auf die Beine. Meine Kinderfrau hat eine Tochter in meinem Alter, diese musste geschäftlich nach Frankreich. Frau Mathies überlegte nicht lange, sie organisierte gleich eine Mitfahrgelegenheit für mich. So bekam ich die Möglichkeit mich drei Tage in Lourdes niederzulassen. Täglich besuchte ich die Stätte, die mich anzog, und ich fühlte mich Gott so nah wie noch niemals in meinem Leben.

Ich trank das Wasser und badete darin. Nach drei Tagen fuhr ich wieder heim. Frau Mathies betreute in der Zeit meine Kinder.

Mit jedem Tag ging es mir besser. Ich glaubte, es seien die drei Tage der Ruhe gewesen, die ich bitter nötig hatte. Nach drei Monaten ging ich zu ersten Blutuntersuchung, obwohl ich schon längst wieder eine Nachuntersuchung hätte haben müssen.

Meine Ärztin war böse mit mir. Als sie mich am darauf folgenden Tag anrief, um mir die Ergebnisse mitzuteilen, war sie selber sehr erstaunt und bat mich einen Termin für eine Mammographie zu vereinbaren. Auch bei der Mammographie war alles okay. Ich brauchte erst in einem halben Jahr wiederkommen. Sie gestand mir, dass sie nicht geglaubt hätte, dass ich das schaffe, ohne OP. Sie warnte mich jedoch auch davor, alles zu leichtfertig zu sehen, da diese Art von Krebs nach fünf Jahren wieder ausbrechen könnte. Im nächsten Monat muss ich nun erneut zu einer Nachuntersuchung, aber mir geht es jeden Tag besser und ich habe schon fünf Kilo zugenommen", strahlte sie.

Jetzt bemerkte auch sie Sascha, weil er gerade genauso strahlte wie sie, und so strahlten sie sich an und ihre Augen blitzten und blinkten wie Millionen Sterne.

„Du sagtest am Telefon, ich könnte dir vielleicht helfen. Was meintest du damit?"
Ich machte ihr das Angebot für uns zu arbeiten, wenn sie Lust hatte. Ich erklärte ihr, was auf sie zukam und wie ihr neues Tätigkeitsfeld aussehen würde, und betonte, dass dieses jederzeit erweitert werden könnte.
Johanna kam aus dem Staunen nicht mehr heraus, hatte aber auch Bedenken, da sie durch die drei Kinder nicht den ganzen Tag arbeiten könnte.
Eine ganztägige Betreuung käme für sie nicht in Frage. Sie könnte sich vorstellen, vormittags den Telefondienst und einiges an Recherchen zu übernehmen und zusätzlich in den Abendstunden wenn nötig zu arbeiten. Das klang fürs Erste schon gut.
Sascha schlug vor, ihr eine Telefonnummer zu Hause einzurichten und zusätzlich einen Online-Zugang, über den sie dann abends E-Mails beantworten könnte.
Allerdings hatte Johanna keinen PC und die Wohnung war für ein Home Office viel zu klein.
So planten wir, Johanna eine neue Wohnung zu suchen und einen Firmen-PC zu organisieren. Die Gehaltsvorstellung wurde kalkuliert und die war dann letztendlich auch für mich tragbar. Sascha bot sich gleich an Johanna bei der Wohnungssuche zu helfen und auch ihren Umzug zu organisieren.
Ich sah an Saschas Blicken, er hatte sich in diese kleine Frau verliebt. Seine Gesichtszüge waren weich und liebevoll, so hatte ich ihn noch nicht gesehen. War das nun seine Frau fürs Leben?
Ich versprach Johanna in den nächsten Tagen einen Arbeitsvertrag vorbeizubringen und so verabschiedeten wir

uns herzlich voneinander. Sascha hinterließ Johanna seine Handynummer, für alle Fälle.

Als Johanna die Tür verriegelte, sank sie in ihr Sofa, rollte sich in eine Decke und weinte Tränen des Glücks.
Sie betete und dankte Gott für diese Begegnung mit mir und Sascha, auch sie hatte sich verliebt. So glaubte sie, aber sie hatte Angst vor so vielen glücklichen Umständen. Dann schlief sie ein.
Am nächsten Tag trafen Anna und ich uns im Büro des Notars. Auch den Arbeitsvertrag für Johanna besprachen wir vor Ort. Danach schauten wir uns einige Büroräume an und wurden fündig.
Tante Jessica reiste für zwei Wochen an, sie hatte viele Artikel im Gepäck und die Geschichten waren erstaunlich.
Johanna setzte sich mit den Berichterstattern in Verbindung, um ihnen mitzuteilen, in welchem Heft ihre Geschichte veröffentlicht würde, dann reichte sie die Honorarabrechnung an unsere Buchhalterin weiter.
Wir beauftragten eine Telefongesellschaft mit der Einrichtung der Telefon- und PC-Arbeitsplätze. Die Büromöbel trafen ein, jeder bestückte seinen Raum und Arbeitsplatz. Tante Jessica half, wo sie konnte, und hatte große Freude daran. Johanna hatte bereits eine größere Wohnung gefunden. Auch sie bekam Büromöbel.
Anna hatte eine große Möglichkeit für Anzeigen geschaffen, sie hatte Reisedienste zu allen Wallfahrtsorten angerufen und ihnen von unserem Magazin erzählt; sie waren bereit ihre Angebote in dem Magazin zu veröffentlichen. Somit konnte unser erstes Magazin Anfang März mit einer Auflage von 100.000 Stück auf den Markt gehen.

Wir bekamen viele positive Zuschriften und E-Mails. Das motivierte uns und wir bekamen neue Ideen, das Magazin zu verbessern.

Johanna war in der Zeit bereits umgezogen und organisierte ihr Leben neu mit ihren drei kleinen Kindern, ihrem neuen Job, den sie gerne und sehr gut machte, und natürlich mit Sascha als neuem Partner an ihrer Seite.

Als wir die erste Veröffentlichung des Magazins feierten, erschien sie ohne Turban und sie sah toll aus mit ihren kurzen dunklen Locken. Sie strahlte wie immer.

Anna fühlte sich wohl und wirkte freundlich und trotz der vielen Arbeit locker. Sie wusste, sie hatte zusammen mit mir etwas geschaffen, wofür es sich lohnte zu arbeiten. Sie neidete den anderen auch ihr Liebesglück nicht, denn sie wusste, auch für sie war da irgendwo jemand, der zu ihr passte.

Sie glaubte an Schicksale und nun auch an Wunder. In dieser Kombination konnte alles nur besser werden.

So arbeiteten und glaubten wir alle an den weiteren Erfolg unseres neuen Magazins

***„Die Wunderforscherin".***

Die Geschichte ist frei erfunden. Ähnlichkeiten mit lebenden oder verstorbenen Personen sind rein zufällig und unbeabsichtigt.

Liebe Leser!

Wir würden uns sehr freuen, wenn Sie unser Buch bewerten würden – Ihren Erfahrungsbericht können Sie z. B. auf der Seite www.wagner-verlag.de/bewerten veröffentlichen. Jedes Jahr verlosen wir unter den veröffentlichten Berichten zehn Gutscheine im Wert von je 50,- Euro – denn wir wollen Ihre Bemühungen belohnen.

Viele Grüße, Ihr Verlags-Team aus Gelnhausen